好感度バツグン

# あなたの見せ方・伝え方

by yuririn

宇佐美百合子

日本教文社

# プロローグ――あなたの好きなあなたに出会うために

## ●あなたを「魅《み》せる」工夫《くふう》

あなたは、人と出会った瞬間に、じゅうぶんに《あなた》を見せていますか？

「あなたを見せる」とはどんなことでしょう？　じつは〝見せる〟とは〝魅せる〟ことです。

「でも、わたしを魅せるって……。それってどういうこと？」

という素朴な疑問が、あなたの心にわき起こったかもしれません。

〝魅せる〟とは〝相手を魅了する見せ方〟のことなんです。

「いくら魅了する見せ方といわれても、中身が問題では……」

と心配しないでください。この本を読み進むうちにその心配は解消されていくでしょう。

さてあなたは、

「わたしも、あの人みたいだったらよかったのに」

と、誰かをうらやましがったり、妬《ねた》んだりしたことはありませんか。誰かをうらやましがったり、ねたんだりすると、あなたのもつ輝きはしぼんでしまいます。

あなたの輝きとは、あなたらしさです。あなたらしさを発揮することが、「あなたを魅せる」ことだとわたしは思います。

そのためには、まずあなた自身が、あなたらしさにエールを送り、それをのびのびと見せていくことが大切だと気づくことです。

それに気づいたら、次にあなたらしさを引き出す近道を見つけだして、ただちに実行することです。

「そういわれても、自分らしさなんてわからない」

といわないで。そのときはついにやってきたのです。

自分らしさがわからない人は、この本でそのヒントをつかんでください。また、自分の「よさ」をなかなか人にわかってもらえないと思い悩んでいる人も、この本を読んでもらえば、きっと自分のよさを「見せる」方法がわかってくるでしょう。そして、それはとても楽しいことだからこそ、人にも伝わるのだということも理解されると思います。

この本は、そんなあなたを応援して、最大限にあなたらしさを引き出すためのガイドブックになるでしょう。

## ●自分のよさを引き出す

「自分をどう表現するか」ということは、「コミュニケーションを、どういうイメージでもっていくか」ということです。つまり、自分らしさを伝える力は、相手に自分がどのように受け止められるか……ということを決める力と同じなのです。

あなたが、あなたらしさを認めて、そしてそのあなたらしさを好きになって生き始めれば、まわりの人は、必ずあなたに好感を抱きます。

「そんなこといっても、わたしは結構、好き勝手に自分を出してやってるわ。でも、そうすると、反感をもたれちゃうのよね」

という反論があなたの中に起こってきたら、それはたぶん、もっと魅力的なあなたになるために、自分の心の声に耳を澄《す》ますチャンスが訪れていると考えてください。

あなたの心の中に、あなたがあなたらしくあるために働く力以外の力……たとえば「見せびらかしたい気持ち」だとか「鼻高々の傲慢《ごうまん》さ」だとかが、むくむくと顔を出していやしないか、そっとチェックしてみてください。

そんな心のウラ側にひそんでいる本音は、すごく他人から認められたい思いが強く、他人から認められないと、自分のことを認めることができないというようなものです。これは気の小さい人によく見受けられます。

さてあなた自身は、右のような傾向が自分にもあるかもしれないと思ったり、「素《す》のままの自分」を好きになれずに悩んだりしている……ということはありませんか?

あるいは、まったく別の立場で困っている人もいると思います。

「わたしって、いつも人前でおどおどしちゃって、思っていることの半分も伝えられないのよ」

と応えるあなたは、自分の魅力にまだ気がついていないだけです。

たとえば、何にでもものおじせずにズケズケとしゃべる人がいますね。あるいは自己顕示欲の強い人もいます。そういう人と自分を比べて、

「どう考えても、勝てっこない」

と決めつけて、自信をなくしていたりしていませんか?

でも、おいそれとそんなそぶりは出せないあなた。だから心の中ではいつも、

「自分のことなんか、誰もわかってくれない」

と思って寂しく感じているかもしれないあなた。

そんなあなたと一緒に、これから自分らしさを発掘する喜びを、分かち合っていきたいと思います。

## ●違っていていいじゃない？

人は往々《おうおう》にして「他人と自分が違う」ことで悲しんだり、不安を抱いたり、寂しがったりします。しかしあなたが「自分は、人とは違う」ということを、意識していても、意識していなくても、わたしたちはもともとみんな一人ひとり違います。

それが個性です。個性に、はじめから優劣があるわけではありません。そこには、ただ「違い」があるだけです。だから、どの状況には、どの個性が適応しやすい……という「違い」はあるでしょう。けれども、それが人に好感をもたれるかどうかは、まったく別の話になってきます。

人に好感を与えながら楽しく会話をするためには、「あなたらしさ」という個性がまずあって、その「あなたらしさ」について、あなた自身がどう思っているかというその感性が、自分は幸福であるかどうかを決め、そのことが、相手に好感を与えるか与えないかを決めています。

わたしたちの誰もが、いつの時代のどこの国に生まれ、女性か男性か、誰によって育てられたか……というような「生まれと育ち」を、宿命のように引き受けながら大人になりました。

その過程で培《つちか》われた個性が、あなたにとっての先天的な部分だとしたら、その先天的な素材をどう受け入れて輝かせていくかは、創意工夫《そういくふう》によってなされる後天的《こうてん》なあなたの能力です。

表現されない個性、発揮されない能力はないも同じ。あなたに足りないものがあるのではなくて、あるものを活《い》かせないでいることが問題なのです。

もし、「自分はよく人から誤解されてイヤな思いをすることが多い」と感じている人がいたら、それはその人が知らないうちに習慣になっているクセや、悪気《わるぎ》なく相手に与えている不快な印象に、自分自身で全然気づいていないということがあるのかもしれません。

そんな無意識のあなたをチェックして、もっと上手に自分の個性を発揮する方法をどんどん身につけていっていただきたいと思います。

## ●原石ははじめから輝いてはいない

ふり返ってみると、わたしはコミュニケーション・スキルを磨く仕事にずっと関わってきました。

学生のときは、人間関係科で心理学やカウンセリングの理論を学び、就職して放送局のアナウンサーになったときは、自分をよりよく見せるための技術を、あれこれ習得しました。

その後、心理カウンセラーになって、人間の深層心理を扱うようになり、また、幸福な生き方の探求にも没頭《ぼっとう》するようになりました。

やがてわたしは、自分を知る方法やいかにして他人と関わっていくかというテクニックついて、人前で話をしたり、エッセイに書いたりするようになったのです。

しかしその過程にあっては、知っていることが実際に活《い》かせなかったり、悩んでいる自分を、なぜ自分で救えないのかとずいぶん苦しみました。また自己嫌悪《じこけんお》や自信喪失《そうしつ》はもちろん、専門家として、自分の面倒も満足に見られない未熟さを、みずから責《せ》めたことも度々ありました。

自分の人生が転々としていく中で、わたしはあることに気づきました。それは、

「人はみな、それぞれの中に宝を秘《ひ》めている。ただ、それをうまく活かせないから、人生がうまくいかないのだ。原石は、はじめから輝かないと思えば、自分が人生のどの時点から意識して、その宝を磨き出すかが、その人のその後の人生を決めるのだ」

こうしてわたしは、少しずついろいろなことを実践しながら、ようやく自己救済を成し

遂《と》げることができたのです。その証《あかし》が、もう怖いものがなくなったこと、そして今がいちばん幸せだと感じられること、そして人生の流れに身をゆだねることができるようになれたことだと思います。

わたしはこれまで、多くの人の人生相談を受けて、自分の中の宝を活かす方法を知らないばかりに、ひとり悩んで自信をなくしている人が、じつに多いということを実感してきました。

宝ばかりでなく、どのような情報や知識も、それを活かすにはコツがあります。わたしはこの本を通して、これまでの自分の実体験から得た「自分らしさを発揮して幸福になる技術」を公開しようと思います。

## ●あなたの好きなあなたに出会うために

わたしは、あなたが、《あなた》という素材をフルに活かして、自分はもっと魅力的になれるし、人生はもっと楽に生きられる……ということを、ぜひとも発見していただきたいと思っています。あなたの好感度をぐんと上げることは、おそらく、あなたがあれこれ想像しているよりは簡単でしょう。

ですからこの本では、さまざまな角度から、今すぐ役立つ自己表現やコミュニケーションの方法について書いていきますので、あなたの気に入ったものから実践してみてください。

まずはじめにあげておくのは、人間関係における基本的な好感度条件です。

これは、多くの人に「どんな人が好きか」という質問を提示して、多くの人に好感のもたれる人物像を、アンケート結果にもとづいて出したもので、そのベスト4をつぎに列挙《れっきょ》します。

1位……明るい
2位……エネルギッシュ
3位……誠実
4位……素直

1位の「明るい」には、「前向き」とか「ポジティブ」とかと答えた人も含まれています。2位の「エネルギッシュ」には、「元気」とか「若々しい」とかも含まれています。3位の「誠実」には、「嘘《うそ》がない」とか「信頼できる」とかも含まれています。4位の「素直」には、「話しやすい」とか「イヤミ（皮肉）がない」とかが入ります。

このアンケート結果は、妙《みよう》に説得力があるという感じがしませんか？　たぶんこの結果は、あなた自身が好感を抱く人物像とそう大差ないのではないかと思います。

ということは、世の多くの人がこういう人物を好むわけです。だから、わたしたちが人から好まれたいと思うなら、こういう自分であればいいわけです。

あなたの方だって、そういう自分になれたら、きっと人ともつき合いやすくなるし、相手からも好感をもたれるようになって、ずいぶん人づき合いが楽になりますよね。

大切なことは、あなたの個性をじゅうぶんに活かしながら、好感度条件を満たしていくということです。

こうして考えていくと、他人から好かれるためじゃなくて、もっと自分に自信をもって気楽に生きるために、そういう自分を創《つく》っていくことが大事だとわかってきますね。

「ようし、わかった」って、まずあなたが思うこと。そう、それが出発点です。あなたの好きなあなた自身に出会うための。

好感度バツグン

# あなたの見せ方・伝え方

▼

目次

CONTENTS

▲

## 第二章　内側から輝こう！
### ――本音のコミュニケーション・スキル　77

## 第三章　魅せる自分を創ろう
### ――なりたい自分になれる「自己イメージ」　151

装　丁▼清水良洋
装画・イラスト・図版▼佐の佳子
モデル▼著　者
撮　影▼坪和正幸

# 第一章

# 気持ちを伝える４つの素材

Keyword 1 Chapter

# 顔 フェイス

プロローグで、大事なことは「自分をどう表現するか」だと述べました。そこでまずこの章では、あなたらしさを表現するのに欠かせない素材について解説しましょう。

その一番目は、自分らしさを表現するものとして、誰もが納得する素材「顔」についてです。しかし「顔」はあくまで素材にしか過ぎません。

この素材が、どのように働くことで、あなたらしさが表現されるのかを、つぎに順を追って見ていきましょう。

## 《スマイル》

わたしたちは日頃、くったくのない笑顔を、思わず受け入れてしまいます。

たとえば電車の中で、見ず知らずの赤ちゃんと目が合ったとき、その赤ちゃんがにこっと微笑んだら、誰だって「かわいい！」と感じることでしょう。赤ちゃんの笑顔を見た瞬間、緊張がほどけて、何となくホッとしますね。

人に好感を抱かせる最大の武器は「スマイル」です。スマイルには「三大効果」というものがありますが、その一番目がこの「警戒心をとかせる」です。

## ●スマイルの三大効果

右に述べたように、スマイルの効果の第一番目は、

①「警戒心をとかせる」

ということです。そして二つ目の効果が、

②「親しみを抱かせる」

ということです。たとえば、お店に入って従業員の人と向き合って話しているとき、その人より、そのとき隣りに居合わせたお客さんの屈託《くったく》のない笑顔にふと親しみを覚えて、思わず会話をしてしまった……という経験はあるでしょう?

外国人は、よく道ですれ違う人にもスマイルを投げかけます。あれって、まるで「今日もハッピーにいこうね」という親しい仲間に送るサインのようですね。

さてつぎに、三番目の効果です。それは、

③「やる気を起こさせる」

というものです。たとえばここに、あなたに残業を頼もうとしている上司がいたとします。その上司の顔をふと見ると、眉間《みけん》にしわを寄せて、いかにもゲキを飛ばすような表情

をしている。

ところが、別の上司を見ると、同じように部下に残業を頼んでいるのだけれど、片や親しみのあるスマイルで、しかも激励《げきれい》するような表情をしています。

両者の顔を思い浮かべてみて、どちらの上司の表情が、あなたにやる気を起こさせるでしょうか。もう明らかですね。これは、子どもに勉強させたい親にも当てはまります。

## ●フル・スマイルでいこう！

右にあげた三つ以外にも、わたしたちは、無意識のうちに「笑う」ことでさまざまな感情を伝えています。ザッとあげてみます。

◎おもしろい、おかしい、嬉しい、楽しいといった「快」を表す笑い。
◎泣かないための「防御《ぼうぎょ》」の笑い。「不敵」な笑いもこれに入るでしょう。
◎「攻撃」のための嘲笑。これは、よく仲間はずれにするときに使われますね。
◎日本人によく見られる照れ隠しの「無価値」な笑い。
◎好感や了解を示す「安全サイン」の笑い。

いやはやスマイルは、いろいろな気持ちを表現しているのですね。こうなると、誰だって人に誤解されたくないですから、ところかまわず微笑《ほほえ》んでいればいいというものでもなさそうです。

さて、相手の警戒心をとかせ、相手に親しみを抱かせ、相手のやる気を起こさせるポイントは、右に述べたうちの「快」と「安全サイン」のスマイルを効果的に使いこなすことにあります。

しかも、どうせ効果を狙うなら、中途半端はいけませんね。前歯をずらりと六本しっかり見せて、めいっぱい微笑むフル・スマイルでいきましょう！

ところで、ふだんあなたは、笑顔を見せるということを、どの程度意識して会話をしているでしょうか？　というのも、あなたの歯の見え具合が、好印象の効果に比例していくからです。

## ●スマイルで若返ろう！

「でも、歯並びがよくないから」とか「そんなに笑ったら、目がなくなっちゃう」とかいうような心配はご無用。ぜったいにフル・スマイルの方が、相手の人はあなたに好感を抱くでしょう。

え？　顔にしわが寄るから、年がバレるじゃないのって？

いいえ、いいえ。それが嬉しいことに、そんな心配にはおよばないのです。

あなたがにっこりと笑った瞬間に、あなたの全身の細胞を活性化させる不思議な変化がいろいろ起きて、肌も生き生きしてくるからだいじょうぶ！

「気の流れ」という観点から見てみると、笑うことで目じりが下がると、頭の表皮の両サイドが下に引っ張られます。すると、頭の天辺にある、いわゆる「気のゲイト」が左右に開いて、そこへ新鮮な大気のエネルギーが流れ込む仕組みになっています。

医学的な観点からいえば、わたしたちが笑った後に、ＮＫ細胞という自然治癒力をつかさどる血液中の細胞が増えるのです。それは、ただ単に笑顔を作っただけであっても、細胞は笑ったときの記憶を思い出して同じ反応をします。

ウソ笑いでさえ効果があるというデータまであるそうです。実際に、ガン患者さんに対して笑い療法を取り入れている施設もあるほどです。

笑うってことは、こんなにもいいことばかりだから、あとは効果的にフル・スマイルの練習をして、あなたの顔の筋肉に、これが日常的な表情だと記憶させてしまうことが大切でしょう。

簡単にいえば、「歯をしっかり見せて、目いっぱい微笑む習慣」をつけてしまうわけです。具体的には、毎日、鏡を見るときに、自分のフル・スマイルを写してチェックすることを日課にします。

このコツは……鏡から離れる直前に必ずニカッとすること。朝晩の洗面、プラスお手洗いのときを数えると、鏡の前に、日に最低五～六回は立つわけで、それだけフル・スマイルの練習ができるはずです。

何よりありがたいことは、自分で自分に微笑みかけるうちに、先にあげた三大効果が表れてくるので、自分自身が日々ますます気分のいい状態になっていくのです。

とにかく、この練習をしばらく続けてみてください。顔の筋肉に、自分の最高にいい笑顔を覚えさせることです。でないと、ここ一番というときに、顔が引きつっていい表情ができないということにもなりかねません。

## 《アイコンタクト》

ここでは、アイコンタクトといわれる「目の会話」について考えてみましょう。

昔から、よく「目を合わせて話さない人は信用してはいけない」といわれますね。それだけ「目を合わせる」ということは、誠意とか誠実さのバロメーターだということができます。それほどストレートに、目は心にあるものを映し出すのです。

「目は心の窓」とか「目は口ほどにものをいう」と表現されるように、隠していたはずの感情さえも表現してしまうもの、それが目なのです。

## ●目は口以上に表現する

逆にいうと、「目の表情」を意識してうまく表現することができれば、自分の思いを、語らずしてうまく相手に伝えることができるはずです。

たとえば、「愛のまなざし」について考えてみましょう。

あなたは、アイコンタクトで、どのくらい精妙につぎの感情を表現できますか?

羨望《せんぼう》・あこがれ
愛着・親しみ
賞賛・尊敬
共感・応援
慈愛・慈悲

右の感情を吐露するのが「愛のまなざし」のアイコンタクトです。これの正反対もあります。「攻撃のまなざし」として表現されるものです。

怒り・憎しみ
嫉妬《しっと》・恨《うら》み
侮蔑《ぶべつ》・軽蔑

この他、あえて「目を伏せる」ことで表現するアイコンタクトがありますが、これによって、人は「誤解を避けたい」とか「恥《は》じらい」とか「謙遜《けんそん》」といった気持ちを伝えることができます。

問題は、無意識のときです。無意識のときのまなざしは、何も「発していない」というよりも、何かを「つねに漂《ただよ》わせている」と考えることができるでしょう。

というより、ふつうにしているときのあなたの「まなざし」は、あなたのふつうの精神をそのまま反映しているということができます。もしかしたら、あなたの心の奥深くに潜在している感情まで映し出しているかもしれません。

ほら、赤ちゃんの澄んだ屈託のない「まなざし」を思い浮かべてみてください。何もネガティブなことを考えていない証拠ですね。

ということは、あなたが常にどういう精神状態でいるかが、あなたが日頃どういう「まなざし」でいるかという問題に関わってきます。つまり、あなたが好感度を高めようと思うなら、あなたの精神状態を充実させる必要があるということになり、そのためには、「自分を活かす」ことを意識しないわけにはいかないのです。

## ●見つめられたら、嬉しい？

ここに、若者を対象に調査した興味深いアンケートがあります。それは、

『知り合いの人と会話するとき、あなたが相手を見つめる理由はなんですか？』

という問いかけです。あなたの答えは、何ですか？

アンケートの回答によると、見つめる理由の筆頭は、

「自分のことをわかって欲しいから」

でした。そしてこれが初対面の人に対してだと、

「相手のことを知りたいから」

というのがトップの理由でした。もう一つ、問いかけがありました。それは、

『会話中、相手から見つめられたら、どう感じますか？』

というものです。回答の一番が「嬉しい」だったのに対して、初対面の人から見つめられる場合は「不安に感じる」がトップでした。そのつぎの問いかけは、

『もし、その相手が好感をもっている異性だったら？』

というものでした。これには全員が「見つめられると嬉しい」または「嬉しいけど恥ずかしい」のいずれかを回答としました。

ところが、他人の視線を過剰《かじょう》なプレッシャーに感じる人もいます。視線恐怖症の傾向がある人です。この傾向があると、友人に対しても、「なぜ見つめるの？」という疑問と不安にさいなまれることがあります。

この視線恐怖症を例外とすれば、一般には、右の例のように、初対面の人から見つめられると「不安を感じる」と答えた人が多いのは、「自分は、どう思われているのだろうか？」と心配する気持ちがあるからでしょう。

しかしこれは裏を返せば、自分が相手に「いい印象を与えている」という自信に乏しいことの証といえます。

ここまで述べたことでも、アイコンタクトによって相手に与えるインパクトの強さを理解していただけましたか？

## ●相手を見すえてはダメ

**【質問①】**

あなたは、会話をするとき、どのくらいの割合で相手の目を見ますか？

**【質問②】**

あなたは、どんな目線を相手に送っているか、意識しながら話していますか？

**[質問③]**

あなたは、どんな目線で話す人に、そしてどのくらいの割合であなたの目を見て話す人に、好感を抱きますか?

とくに①と②は、会話中、相手と目を合わせながら話すときに、大切だと思われるポイントを代弁するものです。それらのポイントとは、

①「相手と目線を合わせる時間は、会話時間の六〜七割くらいがよい」

②「決して相手の目を凝視《ぎょうし》しないように気をつける」

という二つです。

①は、もしあなたが、相手からじーっと目線をはずさないでいると、相手は自分が監視されているような印象を受けてしまうでしょう。もちろん、これには例外があります。相手に「好きなんです」と伝えるのが目的ならば、意図的にうっとり見つめ続けるのもいいかも知れませんね……。

②はどうでしょう。以前、まわりの人から「目が怖い」と年中いわれて、すっかり心が傷ついたといって相談にいらした方がいましたが、その人は、やはり対象物を凝視するクセがありました。恐らく相手の人には、「にらまれている」というような印象を与えていた

のでしょう。わたしはこうアドバイスしました。

「相手を見るときは、目を見すえないようにね。そのコツとしては、《相手の顔が入った額《がく》》を想定して、その額縁《がくぶち》全体が視界に入っているような感じで、相手を見てください」

じつはこれは、以前、わたしがアナウンサーになって、はじめてカメラの前に立ったとき、最初に教えられたことでした。

アナウンサーが話す目線の先には人間はいません。それでカメラレンズだけを見て話していると、ついついレンズを見すえがちになるんですね。この見すえたまなざしを、画面を通して見ると、なんと目がすわってこわい顔になっているんです。

わたしはそのたびにカメラマンから、

「おーい、目がこわいぞ。レンズじゃなくてカメラ全体を漠然と見て話せ！」

と注意されたものです。

こうしてカメラから目線をはずさないで話す術がすっかり身についてしまうと、今度は対象物を見て話すクセがついていました。

わたしの場合、今でも相手の目を見て会話する比率は、ふつうの人よりは高く、たぶん八〜九割ほどだと思います。でも、そのうちの半分くらいは、漠然と見る目線に切り替えているのです。

使い分けることで、相手にプレッシャーを与えないで、安心して話をしてもらうことができますし、また大事なことを強くアピールすることもできるんです。

まなざしから受ける印象は、出会ったときの第一印象になる場合が多いと思われるだけに、ちょっとしたポイントを押さえるだけで、あなたのアイコンタクト効果をぐっとあげることができるでしょう。

## からだ　ボディ

つぎの素材は「からだ」です。ボディ・ランゲージというように、「からだ」はあなたの内在の声を代弁する素材です。では、この素材がどのように働くとき、あなたらしさがうまく表現できるのでしょうか。

**《姿勢》**

「役者は、微妙な背筋の伸ばし具合で、役の年齢を演じ分ける」

といわれています。

別の言い方をすれば、どのくらい背筋がピンと伸びているかで、どのくらい若々しいかが決ってしまうということなんです。

背筋は、若々しさと活力のバロメーターだと覚えておきましょう。とくに猫背の傾向があると感じている人は、なおさら意識してほしいことです。

講演会でも、わたしがそういうことを話した途端《とたん》、会場のみなさんの背筋がピンと伸びて、中には極端にそり返って見せる人がいますが、ただ伸ばせばいいというものではなくて、美しく見せるラインがなければ意味がありません。

## ●もっとも美しい姿勢

さて、自然でもっとも美しく、若々しい姿勢とは、

「首の筋が伸び、肩が下がった状態で、背筋がまっすぐな姿」

ですね。では、その姿勢のつくり方を述べましょう。

両足を軽く閉じ、頭の天辺から糸が出て、何者かにまっすぐに真上に引っ張り上げられているような、そういう感じでまず立ちます。

そしてその糸を上からさらにグッと引っ張られたかのように、一度かかとを上げ、ちょっと間を置いて、すっと降ろします。

その瞬間に、もっとも自然できれいな姿勢ができます。このとき、きちんと肩が下がっているか確かめてくださいね。

さて、美しい立ち姿がものになったところで、続いて美しい歩き姿もマスターしてしまいましょう。

まずその立ち姿を作ってから、おなかを引き締《し》めて歩きだします。目線は三〜五メートル前方に置き、なるべく足元をじっと見ないようにします。

つまり、漠然と足元を視界に入れて歩く感じです。一歩、踏み出したときに、靴が視界にとらえられればいいと思います。

つぎに、太ももの後ろ側をピンと棒状に緊張させます。そうして、平均台のような一本のライン上を進むようにして、太ももをすり合わせながら歩きます。

わたしはかつて、レポートしながら歩く自分の姿をビデオで見て、日頃いかに緊張感なく歩いているかを思い知らされてげんなりした経験があります。

もちろんそのたびに深く反省して、歩く研究を重ねましたが、ファッションモデルのように歩こうとすると、やはり不自然になるということがわかりました。

それなりの緊張感はあっても、硬直してしまっては意味がないのですね。チェックポイントとしては、両肩が下がっていれば、余分な力が入っていない証拠ですからOKです。

## ●撮《と》られ上手になる方法

こうした苦労のかいあってか、わたしは、今だに友人たちから、一緒に並んで写真を撮るのをいやがられます。なぜなら、写真ができあがって見てみると、みんな一様に「ずる～い！　自分ばっかりキメてるんだから！」と苦情の嵐（自慢話のようでスミマセン）。

どうもわたしは写真に関しては《撮られ上手》らしいのです。

ゆりりん講座1

## 美しい立ち姿のコツは、
## グッ！　ピン！　ストン！

グッと真上に引っ張られ、
ピンと背すじを伸ばして
かかとを上げ、ストンと降ろす。

**立ち姿ができたら、**
**さあ、歩いてみよう**

**イケナイ歩き方④**
腰曲げ足ずり歩き

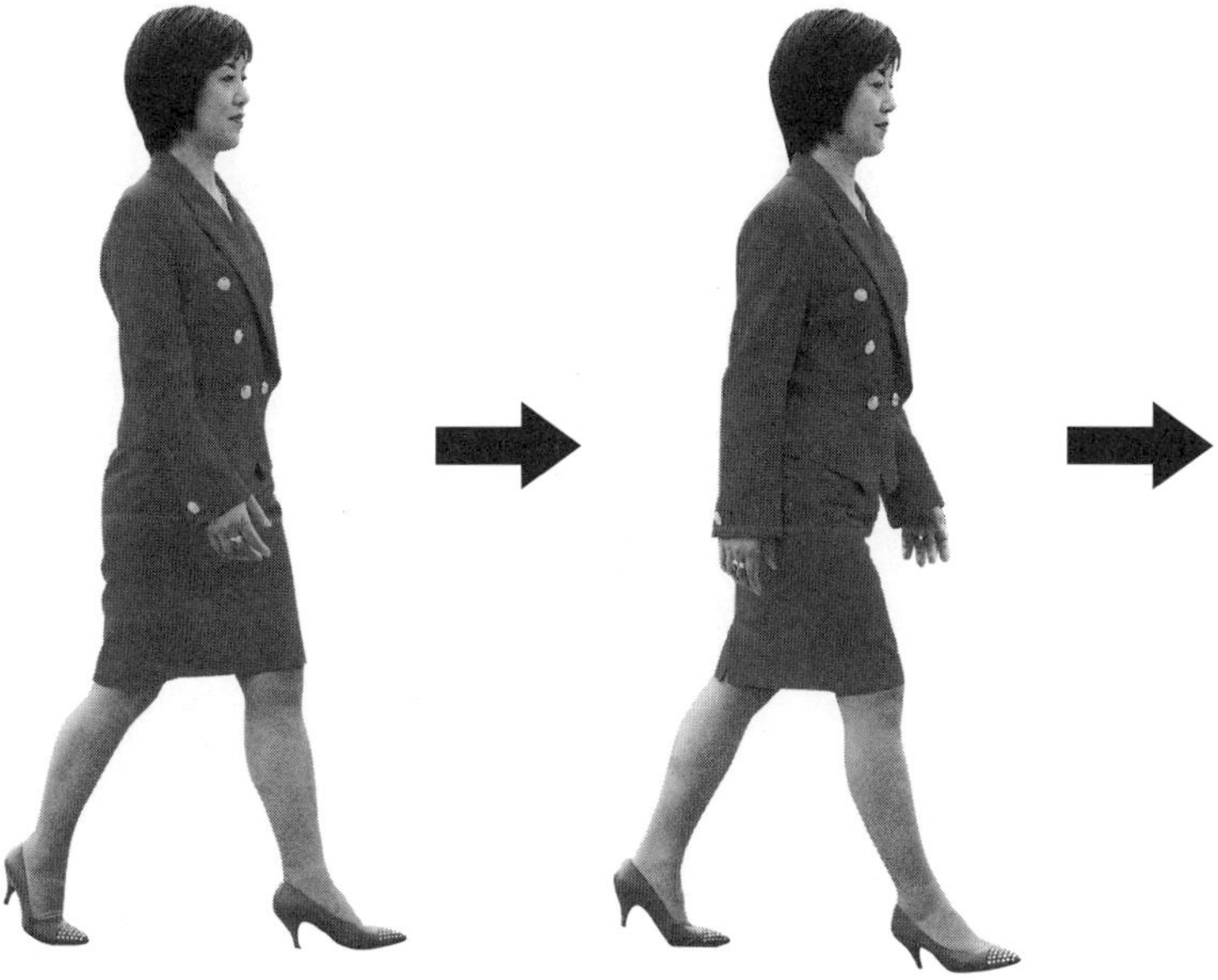

**イケナイ歩き方①**
腹出し歩き

**イケナイ歩き方②**
背中丸め歩き

**イケナイ歩き方③**
キョロキョロ歩き

なかには本人を目の前にして「写真うつりがいいんですね～」なんていわれることも。「どういう意味?!」と口には出さずに苦笑するだけですが……。

何はともあれ、これらはアナウンサー時代にしみついたクセが、何十年たっても役に立っているということですね。

そこで、誰にでもできる「美しい写真の撮られ方」を紙上公開しましょう。

まず、先に述べた「頭の天辺から糸でつり上げられるような感じ」で立ちます。

そして、首の筋をさらに伸ばして首をより長く見せるために、逆に首を一度すくめる要《よう》領《りょう》で両肩を思いっきり上げ、そしてストンと下ろします。

つぎに、立ち姿の場合は、二本の足が、一本に見えるように前後に重ねます。

このとき、前の足のかかとに、後ろの足の内側の中央部を着け、両の足先を約四十五度に開きます。

前の足のつま先は、カメラのレンズに対してまっすぐに、そして垂直になるように立ってください。一方からだは、カメラに対して少し斜め横になればＯＫ。これが、ボディを細目に映すコツです。

前側になったひざはやや内側に絞りながら、太ももをきゅっとくっつけます。先に述べたように、おなかは引き締めますが、このとき肩が上がらないように、再度注意してくださいね。体重は、後ろ足へ八割方乗せます。

手はあまり目立たないように、脇にそっとつけておきますが、後ろ足のサイドの手は、少し後方に、お尻の近くに回すと胸が大きく見えます。

## ●「今すごくいい顔してる！」と念じる

さて、ようやく首から下が整ったところで、問題は顔です。

顔は、カメラに向って正面に向けます。まず、あごを引いて、表情のひきしまった知的な感じを出します。

口元はフルスマイルにして、前歯は全面的に見せますが、くれぐれも口の中が見えるほど、口を開けないようにします。

写真を撮られる場合は、目はパチッと開いておき、つぶらな瞳《ひとみ》が隠れてしまわないように気をつけます。

シャッターチャンスがきたときに、一瞬の緊張感を走らせてしっかと目を見開き、笑顔を停止させるのが撮られ上手になるコツです。

まあ、最初はコチコチになるでしょうから、不自然になってもやむを得ませんが、あとは場数です。そのうちからだが覚えてしまえば、瞬時にこの姿勢と表情が決められるようになってくるでしょう。

さて続いては、同じ要領で「座り姿」の場合をやってみましょう。からだを斜めにして浅く座り、背筋を伸ばして顔は正面に向けます。足はひざを少し折って、ぴったりくっつけたまま横に流します。このとき、気持ち斜《なな》め前方に流すと、足が長く見えます。

これで、あなたも今日から撮られ美人。いえ、カメラの前に限らず、ふだんから心がければ、いつでも美しい姿を相手に印象づけることができます。

さて極めつけは、シャッターが下りる瞬間の心構えでしょう。シャッターをおろすとき、撮る人が一般的にかけるかけ声が、「ハイ、チーズ！」というアレです。最近は、「1＋1は？」と声をかけ、「ニーッ！」と言わせて口角《こうかく》をあげさせるアレも多いですが。

でもわたしのオススメは、心の中で「ハイ。ステキな笑顔！」というかけ声をかけて、これと同時に、ニコッと微笑むことです。これ、一番いいと思います。

このとき、あなたの顔の細胞は、あなたの命令通りに、自然ないい笑顔を作ってくれるでしょう。あるいは「わたしは最高！」というのもいいですね。「わたしってきれい！」でもいいでしょう。

ゆりりん講座2

**撮られ美人になるコツは、顔は正面、からだは斜め**

両足を45度にひらき、前足をカメラに真っすぐに向けること。

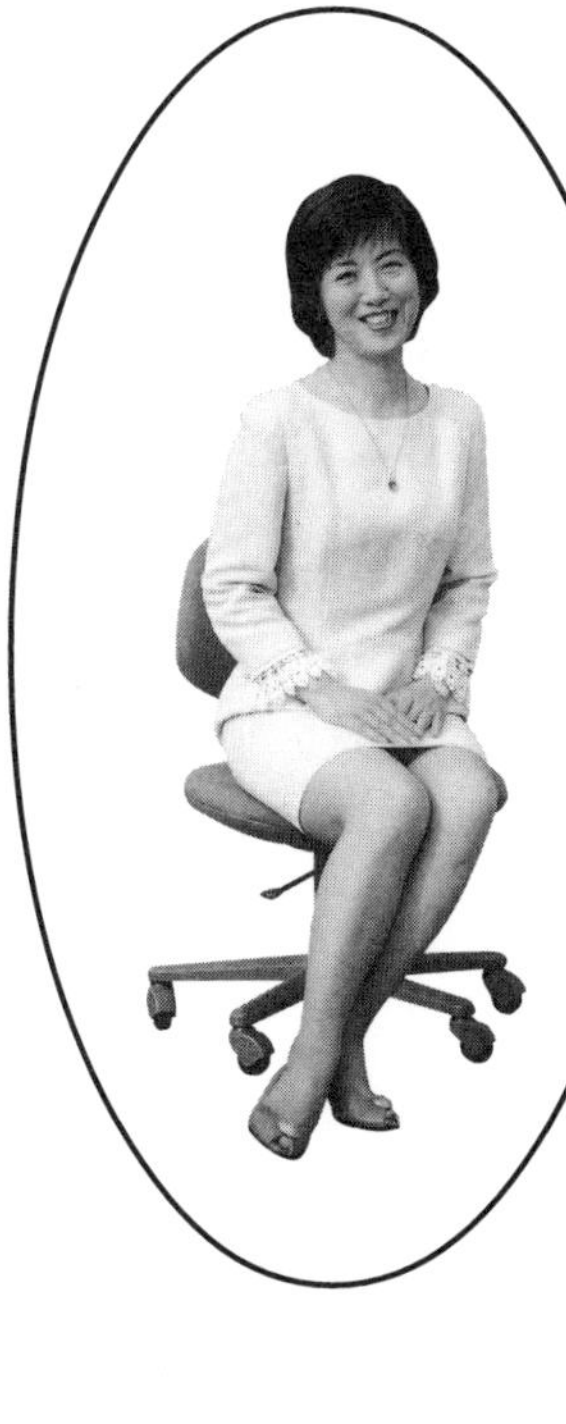

フルスマイルといってもやり過ぎは禁物
先生、どお？

《所作《しょさ》》

会話しているとき、あなたは身ぶり手ぶりが多い方でしょうか?

自己表現の基本は、いかに自然に、また好感をもたれるように、自分の思いや感情を、相手に伝えられるかにかかっています。だから、あなたの「所作」はとても重要です。

このように感情表現を大いに助けてくれるのが「所作」ですが、うっかりしていると逆の作用が働き、悪印象を与えかねませんから、やはり気を配りたいものです。

● **相手を緊張させない配慮**

この所作と心理と印象を研究したものが、ボディ・ランゲージです。

たとえば、先ほど「美しい写真の撮られ方」のところで、美しい立ち方・座り方を述べましたが、そこにもボディ・ランゲージの要素がたくさん盛り込まれています。

「からだを、カメラに対して斜めにする」というのがその一つです。

これは、スマートに見せることが第一目的ではありますが、カメラというのは、イコール相手の目ですから、からだを斜めにすることで、柔らかい印象を与えるようにという考慮が働いているわけです。

その反対に、相手のからだと自分のからだが真正面に向かい合うと、どうしても威圧的とか挑戦的といった印象を伝えてしまいかねません。

だから、もし「威圧」を目的とするなら、なるべく相手のからだの真正面に、壁のように平行して身構えることです。さらに、腰に手を当てて、壁の面積を大きくすると、いっそう効果があります。また、自分の「強さ」を強調した写真を撮りたい場合も同様に構えるといいでしょう。

とはいえ、ふつうは相手と「打ち解け合う」ために会話をするわけですから、なるべく相手を緊張させないような配慮をする方がいいですね。

だから、対抗ムードを避けるためには、からだを斜めにし、それでいて、真剣さや誠実さを表わすために、顔は正面を向くようにするのが望ましいでしょう。

もう一ついえることは、あなたが適当にからだを動かしたり、ジェスチャーを交えて話す方が、相手はリラックスできるということです。

会話中に全然身ぶりがないのは、からだが無表情になっているのと同じことなんです。これだと相手は緊張して、窮屈《きゅうくつ》さを感じてしまうでしょう。かといって、どんな所作でもOKというわけではありません。中にはネガティブな印象を与えてしまうものもあるので注意したいですね。

## ●腕組みは要注意

その代表が、一般的にみなさんがよくする所作の中にあります。「腕組み」です。

考え込むとき、疲れたとき、退屈したとき、気分を害したときなど、つい知らないうちにしてしまいがちですが、このように腕組みは、不満や抵抗の表れなのです。

つまり相手に対して反発の心を抱いていたり、攻撃されることを想定しての防御の思いがあったりすると、無意識に腕組みをしてしまいます。

また、自分が困ったときや、いい考えが浮かばなくて不満・不服なときも同じ反応がでてしまいます。口では、「いま考えてるところ」といっていても、心の中ではその不満足と格闘しているわけです。

また一方、それと違って、音楽に聴き入ったりするときに腕組みをすることがありますが、これは「自分の世界に浸《ひた》りたい」からですね。これの深層心理は、「誰にも邪魔《じゃま》されたくない」という、ある種の防御の意思の表れといえるでしょう。

そういわれてみれば、あなたもノリノリで話しているときや、ワクワクして会話しているときは、腕を組むのを忘れていませんか？

だから、どんな会話の最中でも、相手に否定的な印象を与えないために、腕組みはしな

いように心がけたいものです。相手によっては、

「はは〜ん。この人は、心の底では、私に反発心を抱いてるわけだな」

と邪推《じゃすい》されても仕方がないですね。

でも、腕組みというのは、ほとんどの人がクセになってしまっているので、よほど意識していなければ直りません。「疲れている」という不満があるだけでも、相手に関係なく無意識に腕を組んでしまうでしょう?

そこで、いいアイデアがあります!

思わず相手の前で腕を組んでしまって「まずいなぁ」と思ったときの対処法ですが、この場合、あからさまに腕をほどくと、かえって目立ってしまうので、そのままの状態から少しほどいて、なにげなくひじを抱きかかえる仕草に切り替えます。

男性の場合は、それでOKです。女性の場合なら、ちょっと斜めにあごをしゃくり上げれば、フェミニンで好感のもてるポーズに早代わりです。

いかがですか?

ちょっと疲れたときでも、腕組みと同様に両腕を休めることのできるこの方法でしのげば、わりとからだも楽ですよ。

ゆりりん講座3

さりげなく腕組みをほどき、
自分を抱きしめるような
ニッコリ・ポーズで！

## ●所作とはメッセージ

コミュニケーションの大原則として、自分の所作は、《自分を見ている相手へのメッセージ》という発想に立てば、そのときどきの状況に応じて、自分はどうすればいいかが自然にわかってくるはずです。

だから、たとえば相手になにかいいことがあって、あなたの気持ちがそれを祝福したいときは、些細《ささい》な所作でもいいから、身ぶり手ぶりを加えてその気持ちを表現しましょう。

また、なにか相手の技量に「すごい！」と感動したときも、あなたの感動や「ステキ！」という感情を、ジェスチャーでたっぷり見せることです。

会話をしているときも、相手の話に応じて、賞賛《しょうさん》の拍手をしたり、合点の合図に手を打ったり、かわいいガッツポーズを入れたり……というようなジェスチャーをすると、その場にポジティブな空気が盛り上がります。

当然のように、あなたに対する好感度も盛り上がるでしょう。

また、とくに大事なのは、会ったときの最初の印象です。つまり最初の所作です。たとえば、はじめて会う人と待ち合わせをしていて、やっと相手の顔を見つけて、目と目が合って、お互いに確認できたとき、言葉は聞こえない距離でも、両手を広げてニコッと微笑むことができたらいいですね。

ちょうど、愛するわが子を迎えにいったお母さんがするような、愛情いっぱいの仕草に通じる暖かさが、きっと相手にも伝わるでしょう。

相手の年齢や場所や状況に合わせて、こうしたジェスチャーがさりげなく見せられるようになるために、日頃から心がけていきましょう。はじめはぎこちなくてもいいんです。そのうち自然に動作がついてくるようになりますから。

ただ目的はあくまでも、相手に心から好意やエールを送るあなたがいて、それが素直に表われるようになるということです。

Keyword
# 声 ボイス
Chapter 3

つぎに上げる素材は「声」です。声というのは、わたしたちが思っている以上に、相手に与える影響は大きいものです。そして声にも、あなたの自由になる表情が秘められています。

## 《腹式発声法》

### ●声は個性

声も、その人の個性です。

一般にわたしたちは、知っている人の声を耳にすれば、「ああ、あの人だ」とわかります。場合によっては、その人の体調や心理状態まで推《お》し量《はか》ることができます。

ところであなたは、とても親しい人と遠く離れているとき、「声が聞きたい」と思ったことがありませんか？　それは声というものが、生々しい「その人」を感じさせられるからなんですね。

これは言い方を換《か》えれば、わたしたちの「耳」は、すばらしく高度なセンサーだということにもなりますが。だから声を、単に言葉を伝える道具だとは思わないでください。「目」のつぎに《ものをいう》大切な素材だと思って、声にも「みがき」をかけましょう。

さて声というと、よく声の「よしあし」をいう人がいますが、わたしは、いい声とは「聞きやすい声」だと思っています。大切なことは、聞いている相手を疲れさせないことだからです。

ですから、もしあなたが、とても特徴のある声、たとえばハスキー・ヴォイスであったり、鈴なり声であったりしても、その声の質によって、あなたの好感度が左右されるということはありません。

ただ、発音が不明瞭だったり、のどからしぼり出すような声は、訓練によって変えられるものですから、努力して克服していけば、会話をすることが、もっと楽しくなるはずです。一般に、声に「みがき」をかける方法は「呼吸法」と「滑舌《かつぜつ》」です。

ここでは、基本となる呼吸法について述べましょう。

## ●腹式呼吸による発声法

あなたは、ふだん会話をするときに「腹式呼吸」を用いていますか?

たとえば、誰かを応援して大声を出したあとで、声がかすれてしまったという経験はありませんか？　それはおそらく腹式呼吸をしていなかったためでしょう。

でも、アナウンサーという職業になると、徹底的に「腹式」による発声法を仕込まれます。この発声法をマスターすると、何時間話をしても、また大声を出しても、声帯《せいたい》を痛めて声がかすれるというようなことはありません。

腹式呼吸のメリットはそれだけではないんです。まず、息が長く続くことです。

さらに、腹式の方が、声に思いが乗せやすいのです。

何しろ腹の中から、からだを響かせて声が出て行くわけですから、もしそれが感情を表わす言葉なら、その響きで一層、言葉に深みを加えることができるんです。

これが、朗読のうまさを左右します。だからアナウンサーに限らず、役者や歌手になろうと思うなら、この発声法が欠かせないのです。

また、腹式発声法を使うと、声を遠くまで通すことができます。そのため、相手にとっては聞き取りやすくなります。

また、のど声に比べて耳障りがいいのも確かです。よく、つややかな声とか、深みのある声という言い方で、耳に心地よい声を表現しますが、それらは、お腹の中から響いてくるような厚みがあればこそと思います。お坊さんが読経《どきょう》を唱《とな》えるときの声がそうですね。

さあ、腹式発声法が上手にできないという人は、これから練習しましょう。

まず、おへその上に手を当てて、「アー」と大き目に声を出してみてください。息継《いきつ》ぎをしたときに、お腹がポッとふくらめば、それが腹式呼吸になっています。

逆にスッとへこめば胸式呼吸。胸だけで息をしていて、お腹まで空気が入っていないことになります。

そうすると、そのまま声を出しつづければ、のどに負担がかかり、負担のかかった発声は、聞く方にも「耳障り」という形でまた負担がかかってきてしまいます。

さて、誰でもが、からだにもっとも負担をかけない方法で、気持ちよく呼吸をしているときがあります。そう、床について眠りにつく前です。ちゃんと全員が腹式呼吸をしているんですよ。

あなたもそのことを思い出しながら、お腹に手を当てて「アー」と息の続く限り、大きな声を出してみましょう。

そして、息が続かなくなったら、静かに息つぎをして、また声を出します。

人は、慌《あわ》てれば胸で息をしますから、腹式呼吸を毎日あせらずに、何分か練習すれば、自然と精神も落ちついてきます。

そうやって腹式呼吸をマスターしてきたら、今度は「ア・エ・イ・ウ・エ・オ・ア・

オ」と滑舌をかねて発声してみたり、好きな文章を朗読したりして、同じように腹式発声を長く続ける練習をしましょう。

どうせ同じように言葉を並べて声を発するのなら「わたしは腹式で、気持ちよく声を出しているわ」とかなんとか宣言しながらやる方が、効果倍増かもしれませんね。

このように鍛錬《たんれん》していけば、知らないうちに、腹式発声法を使って日常会話ができるようになっていきます。これは一度マスターすれば一生ものです。

また、気功や太極拳が腹式呼吸のみで行われるように、腹式呼吸でからだにたっぷりと酸素を取り入れながら、丹田（おへその下部）まで気を通すことは、健康のためにもとてもいいのです。

イライラしたりムカツイタときには、意図的に腹式発声法に専念して、心身を落ち着けるというのも賢い活用法だと思います。

## 《メラビアンの法則》

### ●雰囲気というメッセージ

「そうはいっても、やっぱり会話のとき重要なのは言葉。内容がすべてよ」

とおっしゃるあなたに、つぎのデータをご紹介します。

メラビアンというアメリカの心理学者が、

『人は会話中に相手の何から情報を得ているか』

という調査をしました。人が誰かとの会話を通して受け取る情報の総計を一〇〇とします。この一〇〇の情報量の中で、相手の「言葉」「声」「雰囲気」のそれぞれから、わたしたちは何パーセントの割合で情報を得ているのか……を、メラビアンさんは調べたわけです。

わたしも講演のときに、よく前の席の方に尋ねるのですが、どうやら年配の方ほど「言葉」のパーセンテージが高いと考えていらっしゃいます。

しかし、メラビアンのデータによると、「言葉」からの情報は、わずか七パーセントに過ぎなかったのです。

では、あとの二つは？　じつは「声」からが三八パーセントで、残りの半分以上に当たる五五パーセントが「雰囲気」からだったのです。

ときとして、言葉は、偽りの情報を相手に与えます。心にもない言葉や裏腹《うらはら》の言葉が使われたりします。こういうことから、七パーセントの信頼性しかない情報だという結果になったのかもしれません。

## ●雰囲気は「腹の中の思い」を伝える

さてもっとも情報量の多い「雰囲気」ですが、これはその人が「放っているもの」という意味です。いわば「腹の中」と考えていいと思います。

たしかに、そういわれてみれば、いくら感じのいい言葉を列挙《れっきょ》したところで、相手が真《ま》に受けるかどうかは別問題……ということがよくありますね。

そもそもわたしたちは、相手の「心にもない言葉」を直観的にかぎ分ける感性をもちあわせていますし、またそういう自分の感性を信頼していることを、この数値が証明しているのだと思います。

とくに、子どもはその天才ですね。いくら親が「あなたのために言っているのよ」といって叱《しか》っても、「うそだよ。お母さんが困るからだよ」と、ちゃんと腹の中を見抜いて反発してきます。

逆に、子どもが「本当にボクのことを愛してくれているんだ」と感じ取ったなら、素直に親のいうことを聞くものです。

ただ、大人の場合は、相手の言葉を、自分に都合のいいように解釈したがるところがあって、たとえ少々のウソでも相手の言葉にすがろうという欲求があるために、本音を見分けるべき直観を、隅《すみ》の方に追いやってしまう傾向があります。

だから大事なときに判断を誤ってしまうのです。

「最初は、たしかにそんな気がしたんだけどなあ……」

という悔恨《かいこん》のつぶやきをあちこちでよく耳にしますね。

また相手も相手で、自分の都合が悪くなると、その場を取りつくろうために、言葉でいくるめようとする分別が働いて、本音を腹の中に押し込めてしまう傾向があるんです。

ホント、人の心はむずかしいですね。

右のデータを別の角度から見れば、いくらあなたが言葉を尽くして話をしても、それが心の奥底から湧《わ》き上がってきた思いが言葉となって出てきたのでなければ、相手には伝わらないということになります。

だから打ちとけた会話をしたいと思ったら、《相手に合わせることより、自分を偽らないこと》が大切なのです。

## ●声に感情を込めよう!

さて、つぎに「声」ですが、メラビアンのいう「声」とは、声の「トーン」を指しています。音の高低や強弱のことです。たとえば同じ「ありがとう」や「ごめんなさい」を言うのでも、声のトーンによって、伝わる印象がまったく違ってきます。講演や話の上手な人は、声のトーンを使い分けて聴衆を引きつけてしまいます。

わたしたちはそうした声色から、相手の言葉に誠意があるかどうか、信憑性《しんぴょうせい》を感じるかどうかを、無意識のうちに判断しています。

とくに電話となると、声のトーンに聞き手の意識が集中するので、声から受ける印象の度合いはさらに高くなります。

よく電話口でぺこぺこ頭を下げている人がいますね。そうかと思えば、どうせ電話だと思って、机に足をのせて口先だけで謝っている人もいます。しかし聞き手は、相手の姿は見えないけれども、その声から、誠実さの有無を感じ取っているのではないでしょうか。

このように、感性の伝達は、じつは言葉でないところで主に行われているのです。あなたも、自分が受け手になった場合のことを思い浮かべてみると、もっと分かりやすいでしょう。

ぼそぼそ話す人、ぶっきらぼうに話す人、用件だけを無感情に話す人……といった声に表情のない人に対して、あなたはふだんどんな印象をもつでしょうか?

もしあなたが、多少でも自分の話し方に、そういう傾向があるかもしれないと思うのなら、今後は抑揚《よくよう》をつけた言い回しや心を込めた発声を意識して取り入れてみてください。

声に感情を心地よく乗せるコツ？　それは結構「気持ちいい」って感じながら楽しんで声を出すことだと思います。そうした声がメロディにのれば、歌になりますね。だから「語るように歌い、歌うように語れ」といわれるのでしょう。もしかしたら、あなたが、カラオケで情感を込めて熱唱しているとき、これと合い通じるものがあるかもしれません。

声にも、あなたの自由になる表情があるのです。

新たな自己表現とは、今までしてこなかったことをする勇気をもつことですから、あなたの声色にもめいっぱい思いを託してみましょう。

## 《ポジティブ・ワード》

前に述べた「好感度の条件」の中に「ポジティブ」という要素がありましたね。ここでは、ポジティブについて考え、同時に「言葉」についても考えます。好感度条件を満たす素材の活かし方の最後は、この「言葉」です。

### ●雰囲気そのものを言葉にする

人はだれでも、ポジティブに前向きに生きたいと思っています。ですが、無意識のうちについつい悲観的になったり、自信をなくしたりします。だから、日頃からなるべく前向きな発想の人と話をしたいと思うものです。ましてや、仕事や生活をともにして一緒に過ごしているのが、ネガティブな発想の人だったら、そこにいる人の抱えるストレスはかなりのものと想像できます。

このように、わたしたちの誰もが「ポジティブなエネルギーを分けてもらうことで元気になりたい」という欲求をもっています。しかし、ポジティブなエネルギーを発散する人など、そうそうどこにもいないでしょう。

ならばどうしましょう？　あなたが、そのポジティブなエネルギーを放つ人になればいいのです。そのカギが言葉です。

たかが言葉されど言葉。情報量として、人は言葉から七パーセントしか受け取らないと述べました。一方、雰囲気からは情報量の五五パーセントを受け取っているとも述べました。

ところが、もしも腹からの言葉＝雰囲気そのものを言葉にして発することができれば、雰囲気プラス言葉となるから、それが相手に伝わる量は、六二パーセントにまでふえることになります。

そして、もしそれがポジティブなものであれば、当然、発した人への好感度は、それに比例してあがります。逆にいくらその場限りとはいえ、自分の心をあざむくような発言、裏腹の言葉を放つことは、最終的に自分自身を傷つけてしまいます。

なぜかというと、こういう裏腹な言葉を放っていると、みんな自分と同じように偽《いつわ》る、どうせ嘘《うそ》をつく……という構図にしだいにはまっていくので、結局、誰の言葉も信じられなくなり、それが心の傷となるからです。そしてその傷が深くなれば、あっという間に人間不信に陥るのです。

人との関わりの中で、得をするためにしたカモフラージュが、結果的には、自分を幸福にするはずの人間関係から、自分をもっと遠ざけてしまうことになるのです。

ですから、何が何でも、心と言葉を一致させましょう。これは、わたしが、「人はどうしたら自分をもっと愛せるか」ということを探求してたどり着いた結論の一つです。これなくしては、幸福な自己表現も楽しい人生もあり得ませんから。

## ●いい言葉を刷り込む

ここからは、あなたの「腹の中と言葉が同じ」という前提で、つぎに何を意識するかという話に入ります。

じつは、あなたの心が前向きになるから、あなたの言葉も前向きになるのか、前向きな発言をするから、心も前向きになるのか……どちらが先かという話になると、これは「ニワトリが先か卵が先か」の関係になります。

まず、わたしたちがある前向きな思考をしたとします。すると、脳にそのイメージがインプットされます。そうして今度は、その前向きなイメージを言葉にして、誰かに言ったとします。ところがこのとき、最初にその発言を聞くのは、じつは自分自身なんです。

このとき、ここでもう一度、同じデータが脳に刷《す》り込まれるのです。ようするにイメージを上書きしたことになるわけです。これが度重《たびかさ》なると、わたしたちは、いつしかその発言通りのアクションを起こし始めるようになります。これは、『人は、根強く思っていることを証明するような行動を無意識のうちに選択する』という、心理学で裏づけされている人間の習性なのです。

わたしたちは、そのように根強く思っている「結果通り」の現実を目の前にして、「やっぱり」とか「思った通りだ」と納得しますが、そう思うたびに、またさらなる刷り込みを自分自身にしながら生きているのです。

こうして、その人の発想にもとづいた体験が重ねられていくうちに、それらがその人の信念となり、言動となって、その人の生きざまを形作っていきます。このサイクルのどこかにメスを入れて、流れを変えることがいわゆる「自己変革」です。

わたしたちは、言葉（刷り込み）を変えるか、思考（信念）を変えるか、行動（体験）を変えるかすることで、人生の流れを変えることができるのです。

だとしたら、「どうせうまくいきっこない。できっこない」という信念を日々刷り込みながら生きることはやめて、「だいじょうぶ。自分を信じてチャレンジすればなんとかなる」と言って可能性を刷り込みながら、楽しんで生きてみませんか？

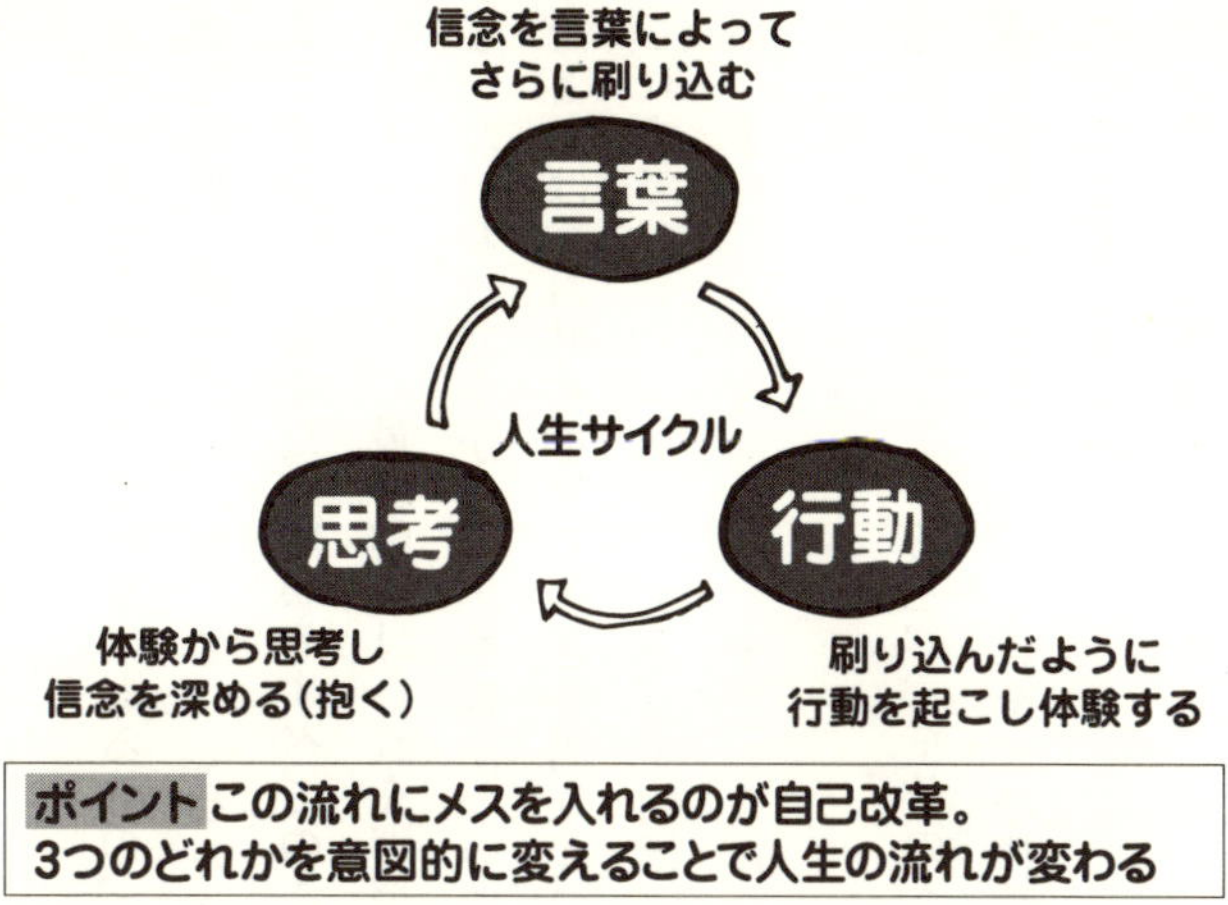
信念を言葉によって
さらに刷り込む
言葉
人生サイクル
思考
行動
体験から思考し
信念を深める（抱く）
刷り込んだように
行動を起こし体験する
ポイント この流れにメスを入れるのが自己改革。
3つのどれかを意図的に変えることで人生の流れが変わる

「あなたが決断したところから変える」

これがメスを入れる行為です。

実際、心配性の人、何かを恐れてイヤなことばかり想像している人、自信をなくしている人には、楽しく幸運な出来事はなかなかめぐってきにくいのです。

「じゃあ、どうすればわたしたちは幸運になれるのか」

ということになるわけですが、じつは、あなたの発するポジティブな言葉を聞きたい人は、他人ではなくて、本当は自分自身だということに気づいてください。

その理由については、《イメージング》で書くことにして、ここでは、その魅惑的でポジティブな言葉を、どうやって身につけていくかに重点を置きましょう。

## ●ポジティブな言葉に置き換える

まず、あなたの身のまわりにあるもの、身のまわりで起きたことを、すべてポジティブな表現に置き換えて口に出していくという練習をしましょう。

ようするに、あなたが関わるすべてのことがらを、徹底してポジティブな言葉で表すことがポイントです。最終的にはこれを習慣化して、あなたの新たなサイクルに組み込んでしまいたいわけですから、手を抜かないで続けてください。

たとえば、お財布を見たとき千円札が二枚あったとします。

これまで、もし「ああ、もう二千円ぽっちしかないわ」とぼやいていたとしたら、「あ、まだ二千円もある！　まだ、こんなに使えるわ」

と言葉にしてみます。

意図して口に出してみると、言葉そのもののエネルギーが、自分の中に流れてくるという感じがわかりますから、これをぜひ体験して味わってみましょう。

「こんなはずじゃなかった」

というような体験をしたときも、「わたしばかり、ついてない！」といわないで、「いい勉強をした」といいかえます。

同様に、毎朝、鏡を見るとき、もしあなたが熟女年齢なら、
「わたしはもう四十過ぎ。年だなあ」
と、ボヤくのはやめて、
「わたしはまだ四十代。さあこれから、すばらしき女盛りよ」
とささやきかけてみましょう。

## ●自分を《ホメゴロシ》してみる

誰かが聞いてるわけじゃないのだから、この際、自分に対して《ホメゴロシ》するくらいのつもりで毎日やってみましょう。

「子どもは、ほめて育てよ」といいますが、育児においては、母親は子供に、「またできなかったの？」というのをやめて、「今度はきっとできるよ」と励《はげ》ますことをススメています。

「育児」も「育自」も、人間のメカニズムでいえば同じことなのです。

だから根気よくほめ続ければ、いずれわたしたちの細胞はその気になって、ヘコむことを忘れて、はつらつとしてくるでしょう。

自分への《ホメゴロシ》をした人と、それをしなかった人と、さらに逆をやり続けた人

とでは、一年後の顔つきがまったく違っています。わたしは多くの例を目のあたりにしてきました。ひいては、その人たちの人生まで違ってきていますよ。

あるとき、わたしのもとへ、結婚願望をもつ女性が相談にこられました。話を聞いているうち、彼女の口から、

「まわりには、ロクな男がいないんです」

というセリフが頻繁《ひんぱん》にでてくるのです。この言葉が、彼女の口癖《くちぐせ》のようになっていることに気づいたわたしは、つぎのような提案をしてみました。

「あなたが『ロクな男がいない』と思っているのは、おそらくあなたにとっての真実なのでしょうね。だからそれは仕方がないことなんですけど、今日から、そういう言葉があなたの口をついて出てきたときは、そのあとに必ず『でも、わたしにピッタリの人が一人いて、わたしはその人と必ず出会う』と添えてみてください」

自分にもっとも影響を与えるのは、自分の放つ言葉なのです。

## ●いい言葉で声をかける

自分に影響を与えるのは、自分の言葉だと述べましたが、もちろん他人から浴びせられる言葉も、同じように作用します。なぜなら、言葉はエネルギーを運ぶからです。

そのことを証明するものとして、言葉をもたない動物が、人間から毎日聞かされる言葉で、どのような影響を受けるか調べた実験データがあります。

ガン細胞を移植した二匹のモルモットにエサを与える際、一匹には「かわいいな。がんばれよ」と毎回声をかけ、もう一匹には無言でエサを与えたのです。

すると、声をかけて激励《げきれい》したモルモットの細胞は活性化され、もう一匹のおよそ二倍も長く生き延びたそうです。

このデータを見ても明らかです。たとえあなたが、何かでイヤな思いをしても、これからは「ああ、ついてないなぁ」とつぶやくよりも、「つぎは、きっといいことがある」と、自分自身に言って聞かせることです。自分自身が喜びますよ。

ポジティブな言葉選びは、何のためにやるのかというと、あなた自身の活性化のためにやるわけです。だから、日頃から意識して変えていきましょう。やがてあなたがポジティブな言葉を日常的に使うようになれば、間違いなくまわりの人たちにも、ポジティブな風を吹かせているはずです。ちゃんと周囲に貢献できる人になっていますから、楽しみにしてください。

とにかく、「～ない」という表現は、ポジティブなエネルギーの発露《はつろ》を止めてしまいます。だから、できる限り「～ある」というような表現を選びましょう。それが新鮮なエネルギーの流れを起こすでしょう。

初めは無理やりでもいいんです。不自然な気がするかもしれません。そのくらいわたしたちは、ネガティブな空気の中で育ち、日頃そうした言葉を浴び、口にすることに慣れてしまって、今もなお、それがふつうだと思い違いをしているのです。

今日から決意して、あなたから始めなければ、あなたもまわりも変わりません。

「だいじょうぶ。やればできる！」

ポジティブ・ワードあるのみです。

## 《Ｉメッセージ》

### ●「Ｙｏｕ」メッセージを敬遠する

ホントの気持ちを伝えることで、うまくいく人間関係もあれば、ギクシャクする人間関係もあり、場合によって異なります。その違いはどこにあるのでしょうか？

たとえば、相手が聞いたらイヤな気分になることを伝えなければならないとき。それが小言でもお断りでも、反論でもクレームでも、言いたくなったら、まず、ひと呼吸置きましょう。そしてちょっと言い方を工夫するのです。それだけで、かえって親密になれる場合だってあります。

それが「Ｉメッセージ」といわれる伝達方法です。

「Ｉ」とは、ご存じのように「わたし」という意味。「Ｉメッセージ」というのは、言いたいことを「わたし」からはじめる文言で伝ることです。たとえば、

「あなたって、どうしてそんなに『自分さえよければいい』っていう人なわけ？」

と切り出すと、たちまち相手から、

「オレのどこが『自分さえよけりゃあいい』っていうんだよ！」

と、けんか口調で切り返されてしまいます。いったんこうなると、冷静に会話を続けるのは難しくなりますね。そこで、Ｉメッセージで口火を切ります。たとえば、

「わたし、あなたにないがしろにされた気がして淋しい」

「わたし、あなたにうまく気持ちが伝わらなくて、ひどく焦《あせ》ってるの」

と、切り出しましょう。すると相手は、

「え？　どうしてだい？」

という具合に、相手に考えるチャンスを与えることになりますし、相手もやさしい言葉をかけやすくなるので、お互いの心がすれ違ったその過程を、冷静に話し合いやすくなります。

これを、もし「あなたが……なのよ」というような「You」からのメッセージではじめると、こちらは不満を抱えているわけですから、どうしても相手を責《せ》める言葉が先に出てきてしまいます。

責められて好感を抱く人はいません。だから、相手が防御か攻撃に出てくるのは当然のことでしょう。

ところが一方、「I」からはじめる方法は、自分が傷ついたり、困ったりしている現状を、まず最初に相手に伝えるわけですから、相手は責められた気がしない分だけ、あなたを受け入れやすくなるのです。

上司が、部下のミスを叱《しか》る場合も同様です。

「君はこんなヘマをして、いったいどう責任を取るつもりなのかね！」

というと、部下もいい気はしませんね。これを、

「わたしは今度の件で困ってるんだが、何かいいアイデアはないかね？」

といい換えるとどうでしょう。同じ事態に立ち至っているのに、全然違った風景がそこから展開されるという気がしませんか？　もちろん、後者の方が、数倍も部下を奮起《ふんき》させて能力を引き出すことができるでしょう。

「Iメッセージ」を心がけるだけで、「こんなはずじゃなかったのに」という後味の悪い会

話は、ずいぶんと避けられると思います。

## 《二つのフィルター》

### ●状態のフィルター

さて「Iメッセージ」に続いて、好感をもって受け入れてもらえる話し方についての第二弾です。

わたしたちは、ふだん相手に自分のことを伝える場合、いわゆる「感情のフィルター」と「状態のフィルター」のいずれかを通して言葉を発しています。

結論からいうと、相手が聞いて嬉しいことを伝えるときは、「感情のフィルター」を通して話します。その逆に、相手が聞いてイヤなことを伝えるときとは、「状態のフィルター」を通して話す方がいいのです。

自分では、誠意をもって言ったつもりなのに、相手にイヤな印象を残して、結果が裏目に出るようなときは、往々にしてフィルターを使い間違えている場合が多いんですね。

たとえば、あなたが残業して込み入ったメールを作成していたとします。ところが、あなたの隣りの席では、パソコンから激しいロックミュージックを流して仕事をしている同僚がいます。

ムカついたあなたは、さて、同僚に何と言ってその騒音をやめさせるでしょうか？

ここで考えましょう。「音楽を中止させる」のは、この同僚にとっては、イヤなことですね。こういう場合は、ただあなたの今の立場を伝えるだけでいいのです。

これが「状態のフィルター」です。

「悪いけど、今とってもややこしいメール書いてるの」

それを、つい「感情のフィルター」を通すと、

「うるさいわね。イライラして書けないわよ」

「アンタ、どうかしてない？　人の迷惑、考えないわけ！」

ということになります。

さて、「状態のフィルター」で伝えるメリットは何でしょう。相手に詫びるタイミングが残されることです。この結果、相手は、あなたの理解者として音楽を止めることができるのです。

この場合だったら、同僚は「ごめん。消すね」といえますし、あなたはそれに対して「ありがとう」とお礼をいうことができます。結果的に、お互いに気分のいい関係を維持できます。

## ●感情のフィルター

ところが、「感情」をそのままぶつけた場合は、相手は仕方なく音を消すものの、

「フン！　自己中な人ね！」

「ったくもう、人がいい気持ちでいるときに！」

と腹の中で思うことでしょう。

一方、非難したあなたの方も「そんな大音響、消すのがマナーでしょ！」といわんばかりの素振《そぶ》りで仕事を続けるわけですから、お互いに不快で不穏な気分を漂わせることになりかねません。

こうしたことが度重なれば、徐々に人間関係が悪化していくのは避けられなくなります。よく、

「わたしはナ～ンにもしてないのに、なぜか嫌われているのよね」

と日頃、不満を訴える人に限って、無意識のうちにこうしたことを重ねているケースが多いようです。

わたしも先日、満員電車の中で、つぎのようなシーンを目の当たりにしました。

電車が急ブレーキをかけて、ガタンと大きく揺れた拍子に、目の前にいたビジネスマン

が、隣りに立っていた女性に、ハイヒールのかかとで思いっきり足を踏まれました。

この男性は、そのとき「いってえな、このばかやろう!」と怒鳴《どな》りました。怒鳴られた女性は、不快感をあらわにして電車から降りてしまいました。

これは、男性が「感情のフィルター」を通して、相手に言葉をぶつけた典型的な例ですが、もしこの男性が「状態のフィルター」を通して、「あの、足、踏んでる」という状況だけをこの女性に伝えていたなら、この女性も謝ることができただろうに、とわたしは残念に思いました。

つぎに、相手をほめたり、相手に感謝を伝えるというような、右とは逆のバージョンはどうでしょうか?

そう、そのときは、あなたの感情をストレートな言葉で伝えればいいんです。

「あなたがこの仕事を引き受けてくれて、嬉しいわ。ありがとう」

「そのスーツ、よく似合っててかっこいい!」

といったような調子でかまいません。あるいはまた、ありのままの喜びの表現として、相手を抱きしめたり、手をとったり、握手したりすれば、相手はあなたの所作に感応して、じゅうぶん幸福な気分を味わうことができるでしょう。

だから、照れないで素直に堂々と喜びを伝えましょう。そうすれば、相手の嬉しそうな反応に、今度はあなた自身が感応して、二人ともさらに幸福な気分を味わうことができると思います。

こんなときには評論家になる必要はまったくありません。でも日本人の場合、年配の方ほど、こうした感情をストレートに表わすのことがヘタですね。自己表現の仕方には、人それぞれの哲学があってしかりですが、ソンをしていることもきっとあるはず。

そもそも人間には、「感情をぶつけられると、感情で反応する」という習性があるのです。あなたが心から喜んでいるのなら、相手はそれに共鳴《きょうめい》するだけで、嬉しさが増すということを覚えておきましょう。

さあ次は、
あなたを内面から輝かせるヒントです！

# 第二章

## 内側から輝こう！

——本音のコミュニケーション・スキル

Keyword 1 Chapter

# 一〇〇パーセント、個性的に

## ●違いがあるからすばらしい

わたしたちは、五感と呼ばれる感覚と、みずからの知性と感情とで、ありとあらゆることに反応しながら生きています。そして、人それぞれの反応の仕方をお互いに見ながら、「あの人らしさ」とか「自分らしさ」というものを認識しています。

世界で六十一億もの人間が、こうして思い思いに、その人ならではの反応をしながら生きているわけです。それぞれに国の違いや年齢、性別の違いはあるものの、わたしたち全員が、一人ひとり独立したオリジナルな存在であることは確かなようです。

以前、わたしは、

『一人ひとり、もち備《そな》えているものが、こうもみんな違うのは何のためだろうか?』

と真剣に考えた時期がありました。そのきっかけは、

『わたしはどうして根気がないんだろう』

『なぜ人より記憶力が悪いんだろう』

と悩んだことでした。悩んだあげくに始まった《問いかけ》でした。

そのとき、一方では、

『もし、みんなと同じだったら、悩まなくていいのになあ……』

と思ったものですが、また一方では、

『待てよ。もしみんな同じだったら、刺激がなくてつまらないだろうなあ』

というような想像もしてみました。そうして、ようやく気がついたんです。

『違いがあるから、お互いに刺激し合うことも、お互いを高め合うこともできる』

ということに。

もし、世界中のみんながみんな似通ってたら、芸術や文化はもちろんのこと、ありきたりの会話すら誕生しなかったかもしれません。相手が自分とまったく同じ存在なら、つまり違いがなければ、連絡をとりあう（語り合う）必要はあまりないのかもしれません。

**●あなたと同じ人は一人もいない**

人は、自分のもつ価値観とは異なる価値観と遭遇《そうぐう》したとき、往々にして衝突《しょうとつ》します。しかし逆に考えたら、価値観の違いというのは、お互いに認め合いさえすれば、その違いを楽しむことができますし、お互いの苦手なところを補《おぎな》い合うことも、助け合うこともできるはずです。

なのに、世の中から少しも衝突が減らないのはなぜでしょう。他の人の価値観が、自分の価値観を脅《おびや》かすと思うからではありませんか?

もし万一、自己の価値観が否定されるようなことがあれば、それはつまり自分が否定されることを意味します。それは自分にとって不都合なことですから、なんとか自分の身を守ろうとします。だから自分の主張を譲《ゆず》りませんし、相手の価値観も認めません。

しかしよくよく考えてみましょう。あなたとまったく同じ価値観をもって生きている人など、あなた以外に一人もいません。同じ国に生まれて、同じ地域の中で育ち、同じ文化の中で教育されたとしても、あなたとわたしは違います。性別や世代でくくったところで、あなたはやはり他の人とは違うのです。たとえ兄弟姉妹でも違います。

それが「個性」です。それが「唯一の存在」としての価値です。

このようなことを考えていくうち、わたしは……世界中の一人ひとりの容姿《ようし》が違うように、一人ひとりの感覚も知性も感情も当然違っているけれど、これが自然であり、むしろいいことなのだ。だから「違うこと」は「いいこと」だという視点から、世の中を眺めてみよう……と思うようになりました。

## ●あなたのもつすべてが、あなたの個性

わたしは、この「個性」の中に、その人の知性も感覚も感情も入れて考えました。いいえ、それだけではありません。容姿も仕草もクセも、健康も病気も体力も、その人が引っさげて生きているものは、全部、貴重な個性なのだ……という思いが湧《わ》いてきました。

そうやっていくと、わたしの中に「わたしの個性」でないものは何一つなく、わたしの個性は、わたしという人間が生きていることを証明するものすべてだと考えるようになってきたのです。

だから、個性についていうなら、そもそもが「いい・悪い」「損してる・得してる」というような話ではありません。また個性には、どちらが「優秀」か「劣等」かというような区別があるわけでもないですね。

そこには、単にオリジナリティの違いがあるだけなのです。

わたしたちは、自分を誕生させてくれた両親、自分が生まれた時代と環境、そして自分の生育にまつわるすべてを引き受けながら、それらを「自分の個性」として面倒を見ながら生きているのだと思います。

だから、親に反抗していてもいなくても、自分の生きている時代を好きであろうと嫌い

であろうと、自分のことをけなそうとけなすまいと、ともかくも今、こうして自分で自分を育てている「あなた」がいます。

これが《あなたが今この瞬間、生きている》ということの意味ではないでしょうか。

## ●個性とは存在価値

わたしは、右に述べたような自分の経験から、「個性」イコール「存在価値」だと感じています。

ということは、あなたのすべてがあなたの個性であるので、今こうして生きているだけで、一〇〇パーセント個性的なあなたには、もうすでに一〇〇パーセントの存在価値があるわけです。

あなたも含めて、多くの人は、「そんなこと、考えもしなかった」というかもしれません。世の多くの人は、これまでいろいろなコンプレックスを抱えながら、そして将来に不安を感じながら、自分に対する不満と不甲斐《ふがい》なさをつのらせてきていたのかもしれません。そうだとしたら、今こそ、こうした《思い違い》から、自分を解放してあげるときがきた、と思ってください。

個性とは、人を追いつめたりするものでも、悩みの種子《たね》を作ったりするものでもありません。むしろその反対側にあるものを、伝えたり表現するために一人ひとりに備えられたものだということを、胸を張って受け入れましょう。

## ●「比べる」のは、もうやめよう！

繰り返します。あなたの個性は、コンプレックスを抱くためにあるのでもなければ、優越感に浸るためにあるのでもありません。それは、他者と「比べる」ためにあるのではなく、それを受け入れて「楽しむ」ためにあるのです。

だから、人と比べてしまうクセは、今日を限りに捨てよう！　あなたは、あなた以上の何者でもないし、あなた以下の何者でもないのだから。

これまでわたしたちは、何かといえば人をランキングづけしたがる社会で育ってきたために、他人から評価される以前に、自分で自分にひどい評価をくだすクセが身についてしまっているようです。

一時期、わたしも自分の存在が取るに足らないものに思えて、ずいぶん自分のことをなじった記憶があります。

しかし、これこそ自分を痛めつける諸悪の根源です。もはや必要のない行為と位置づけていいものです。このせいでわたしたちは、ありのままの自分の個性に不満を抱き、いつしか丸ごと自分を愛せなくなっているのです。あなたは、そんなことはありませんか?

「どうせ、わたしなんか……」

「目立つといじめられるし……」

「お人よしだからソンをするの」

こうした思いはもういりません。何の役にも立ちません。それでも、もしあなたが、こうした思いに苛《さいな》まれてつらい気持ちになったときには、ぜひつぎのように自分を想像して見てください。

### ●あなたは、かけがえのない星

さあ! これからしばらく宇宙飛行士の気分を味わいましょう。

あなたは今、宇宙に飛び立っていて、はるかかなたにある地球を眺《なが》めています。宇宙に二つとないであろう美しい星・地球が、今あなたの眼下に浮かんでいます。

ところが、あなたが眺めているその瞬間にも、地球では、同じ人間同士が、国境を隔てて殺し合いをしたり、どっちが優秀で、どっちが正しいかという争いを繰り広げたりしています。

今、宇宙から眺めているあなたの目に映る地球には、国と国の仕切り(国境)も人種の壁

（差別）もありません。そこにあるのは、ただ人間の生きている美しい星。

そんな美しい、かけがえのない星の上で、どっちが勝つか負けるかといって競い合うなんて、とてもばかげた小さな行為のように、あなたの目には映るでしょう。

じつはあなたは、この地球と同じ存在です。地球そのものが、あなただと考えてください。宇宙にただひとりの、ユニークな個性の持ち主、それがあなたなのです。

あなたの内側では、地球で繰り広げられている光景と同様に、他人と比べることで、コンプレックスを抱いたり、嫉妬《しっと》したり、あるいは自分をののしったり……という葛藤《かっとう》が繰り返されています。

しかし、こうした戦いの一切が、いかに空しく無駄なものであるかということに気づいてください。パイロットになったあなたが、地球という星を眺めたとき、はたして他の星と比べて、あっちの星の方がよかったといってうらやんだり、地球はつまらないといって嫌いになったりすることがあるでしょうか？

たぶんないと思います。だって地球こそが、宇宙で唯一の、あなたが生きていくことのできる「あなたの星」なのだから。

さてつぎは、宇宙飛行士のあなたが地球を眺めたのと同じまなざしを、自分自身に向けてみましょう。そこに見えるのは、あなた自身であるあなたの個性です。そしてそのまま丸ごとあなたの個性を愛してください。

あなたという存在にとって、生きていくことのできる唯一の場所(星)は、個性あるあなた自身なのですから。あなたは、宇宙に浮かぶ地球のように、この地上にたったひとりしかいない、とても貴重な存在なのです。

## ■ゆりりんの「人生Q&A①」

【Q】最近、仕事で、人前で自分の意見や資料を発表したり、リーダーとして話をする機会がふえました。でも生来のあがり症で、いつも緊張します。大勢の人の前で話しても、あがらないでうまく話すにはどうしたらいいでしょうか?

【A】うまく話そうと思わないことです。

誰だって、人前で話す以上は「よかったよ」と評価されたいもの。もしあなたが、人前でのスピーチで評価されたいのなら、前もって一生懸命、準備することです。

そして、いざ話す段になったら、一生懸命に準備した自分を忘れること。

いきなり指名されて話せといわれたら？　その場合も状況は同じです。それまでに蓄えたものが、そのまま伝わるようにするだけです。

へたにうまく話そうと力んでみても、それはエネルギーの無駄《むだ》使いというものです。力が入り過ぎてしまうと、かえってプレッシャーであせる気持ちに翻弄《ほんろう》されてしまうことになり、日頃の成果すら出せなくなってしまいます。

そもそも人前であがるのは、自分をよく見せたいと思うからです。

なぜ自分をよく見せたいと思うのかというと、すばらしい結果を出す自信がないからです。そして自信がもてない根本原因は、あなたが「自信たっぷりに見える人」とそうでない自分とを、心の中で比べることにあります。

しかしよく考えてみましょう。世間が何といおうと、あなたは評価されるために話すのではありません。まして誰かと比べられて「よかった」「悪かった」などと、人からいわれる筋合いはありません。

人前で話すときは、自分の力以上の結果も、力以下の結果も出ません。そのことを、しっかり肝《きも》に銘《めい》じておきましょう。あせっても逆立ちしても仕方がないのです。

いちばんおススメなのは、人前で自分を表現するわけですから、そのことを、本能のままに楽しむことです。ぜひ楽しもうとしてください。

「人前でのスピーチを楽しむだなんて、そんなこと、とてもじゃないけど、できるわけがないよ。ドキドキして、そんな冷静に落ち着いていられるわけないもの」

「ただでさえ人前がイヤなのに、スピーチをさせられた上に、それを楽しめだなんて、そんな度胸《どきょう》があるくらいなら、あがり症で悩みませんよ」

という気持ちもわかります。でも、たとえあなたのスピーチの仕方がへただったとしても、それがどうしたんでしょう。あなたは逮捕されますか？　それに、そんなにあなたが心配するほど、聴衆はあなたの表現力に注目していやしません。

もしあなたが、ノーベル賞候補の科学論文を発表するというのなら、聴衆は耳を澄ますでしょう。そしてあなただって、自分の研究をアピールするのに必死でしょうから、あがっているヒマはないでしょう。あなたの人生がかかっているわけですから。

しかし、もとよりそんな場面では、あなたのスピーチの仕方の「うまい・へた」を比べる相手もいません。ようするに話の内容が大事なのですから。

「あがって、声がふるえてハズかしい」

いいじゃないですか。演歌歌手のように、声にヴィヴラートをかけて発表しているあなたの姿を、他人になったつもりで想像してみましょう。思わずクスクスと笑ってみたらいいじゃないですか。

「あ〜あ。やっぱ、わたしって、ヘンな人」

と開き直ってみましょう。ようするにあなたは、パフォーマンスをしているのです。

そしてドキドキしている様子を、自分で観察してみるのです。

「こんなに心臓がドクンドクンして、手をふるわせて、額に汗までかいてる。ああ、ごめんね、わたしの心臓さん。もうすぐ終わるからね」

といって、自分のからだと会話をしてみましょう。そして心臓をはじめ、からだをいたわってあげましょう。

いずれにしても、そのときは「わたしは今、特別な体験をしている」ということを認識してください。そしてそのことを味わってください。

そして少しでもうまく話せたときは、

「あれ？　今日はいつもより落ち着いてる。その調子、その調子」

というふうに、自分に語りかけてください。これを繰り返すうち、自分自身と仲良くなっていけますから。これが自分を丸ごと愛して応援してあげるということだと思います。

Keyword

# あなた流のありがとう

2

Chapter

## ●わき起こってくる想い

おおらかに、のびのびと自分を表わせる人って「いいなあ」と思いませんか?

どうしたら、そんなふうになれるのでしょうか?

それにはまず、自分の心に注目して「正直」になることです。あるいは、自分の心にある「ふつふつとした想い」に敏感になることです。

人間は昔から、そうして噴《ふ》き出してくる想いのありったけを「形」にしてきました。死に対するどうしようもない不安を打ち消すように、神々に向けて心の底からの信仰を表現しました。豊作を願い、それが得られたといっては感謝を捧げ、陶酔《とうすい》するように歌や舞《まい》を奉納し、絵画や彫刻にその歓びや信仰心を表わしたのです。

右は原始的なたとえですが、このように、自分の中心から突き上げてくるような思い——それを表わすとき、わたしたちは幸福なのです。

あなたにとって、今いちばん表わしたい想いとは、どのようなものでしょうか? きっとあるはずです。何かその断片を感じたら、それこそが、今、あなたが吐き出したい《あなたの片りん》が「うずき」となって噴《ふ》き出しているのです。

その気持ちを、あなたはあらゆる手段を駆使して外に出してあげるといいでしょう。その作業こそが「個性の発揮」なのであり、それこそが「生きる醍醐味《だいごみ》」といえるのではないでしょうか。

わたしが近年、「心のエッセイ」を書くようになったのは、まさにそうした衝動《しょうどう》からでした。というのも、

「人が幸福に生きることを応援したい」

という想いが、わたしの内側から怒濤《どとう》のように押し寄せ、言葉となって流れ出したのです。というより、本心は「人に」ではなくて、自分自身へのメッセージだったのかもしれません。

## ●長い心の旅

ただ、そこにたどり着くまでには、いろいろなことがありました。

どうしても心から納得でき、満足できる自分だけの「個性の生かし方」が見つけられなくて、ずいぶん悩みながらいろいろなことを手がけてきました。

内側からわいてくるもやもやした感情を、何を使って、どういう形で表現すればいいのかわからなくて、思いついたものからつぎつぎとやってみました。あるときは、番組制作会社を経営しました。またあるときは、商品の開発をして販売しました。そしてあるときは、つめ込んだ心理学の知識を披露《ひろう》することに没頭《ぼっとう》もしました。

もちろんそのような心の旅の過程にあっては、自分が関わっている人たちに対して、いろいろな葛藤も起きました。そのたびにわたしは、その問題の一つ一つに対し、「なぜ、こんなことになるのか?」

と、必死でその答えを求めつづけました。そこには、自分の未熟さを厳しく責めつづけるわたしがいました。そのあげくが、疲れ果てて、自暴自棄になった自分でした。

わたしは、「~のはずだ」「~であるべきだ」「~せねばならない」といったたぐいの観念にヘキヘキとして、ついに、

「もう……どうでもいいや」

と思って、自分の過去へのこだわりを全部捨てたのです。人の上に立とうという願望も放棄しました。

ところが、そのとき、まるでダムの水があふれ出るように、わたしの中で、何かがせきを切って、とめどなく流れ出したのです!

そのことが、わたしに勇気をよみがえらせました。

そのときから、《わたし》が変わりました。

## ●「捨てる行為」は「得る行為」

わたしは今、みずからの半生を振り返ってみると、その長い行程が、すべて必要な体験だったのだと、心の底から納得することができます。

生きていくことは、ややこしいパズルの小さなピースを、一つ一つ丹念にはめていく作業のようなものだと思います。ようやく全体像ができあがるころになって、自分の人生が何だったのかがわかるような気がするのです。

特にわたしが悩んだ問題というのは、それを通過することで、もう「これはいらない」ということを悟るためにあったのであり、そのことを確認するためのプロセスが、これまでの人生の旅だったのだと思います。具体的にいうと、

「完璧主義」

「いい子・いい人でいること」

「まわりに合わせて自分をごまかすこと」

「自分を否定すること」

「ソンをしないように立ち回ること」

「ひと言多かったと悔やむこと」

など、あげればきりがありません。

自分の人生の行く手をはばんでいたこうした執着《しゅうちゃく》と恐れにぶつかるたびに、わたしは「これはいらない」と必死で切り捨ててきたのですが、じつは「捨てる行為」とは、同時に「得る行為」だったのだ、と実感しています。

このような体験を通して、わたしは「いらないもの」の対極にあった「これは大事なもの」に出会っていたのです。この「大事なもの」だと感じたものこそが、わたしの伝えたい「想い」であり、まさに表現したい「自分」なのでした。

すると、待っていましたとばかりに、その「自分」が躍動《やくどう》しはじめました。突き上げてくる想い、それはひと言でいえば「愛」でした。わたしは「愛」をはじめて自分の言葉で表わしはじめたのです。

## ●「あなた」を表現する

わたしは、たとえば世の中の芸術作品は、こんなふうにして噴出したエネルギーから生まれたのではないかと実感しました。わたしたちの日常生活は、いってみれば芸術のようなものです。あふれる思いをからだ中で表わし、常に誰かに何かを伝えようとしているのですから。

これは「表現」という問題になると思いますが、これは何も芸術だけに限りません。ちょっとした日常のオフィスワークの中にも、このようなことはいたるところで見受けられると思います。

たとえそれが、ただの事務的な伝達事項だとしても、そこに笑顔が入ったり、声のトーンに思いやりが加わったりするだけで、それは《そのときのあなた》を表現していることになるのですから。

相手の顔が見えないところで作成される伝達作業、たとえば、現代ならメールでしょうか。このメールを打つのも同じことです。「これを伝えたい」という気持ちや目的がなかったら、もちろん文章は出てきません。

だから、あなたが思いを込めて書けば書くほど、行間が《あなた》を語ります。

だから、ただ伝えるべき内容だけでなく、そのプラス・アルファが相手に伝わっていくのでしょう。

## ●コミュニケーションの原動力

いつのときも、あなたのコミュニケーションは、あなたの表現世界に他なりません。たとえば、好きな音楽を耳にしたとき、心なごませる美しい自然に触れたとき、誰かのやさしさに思わず感動したとき……あなたはきっと、その感動を何らかの形で、誰かに伝えたい、表現したいと思うはずです。

それが《コミュニケーションの原動力》なのです。

コミュニケーションとは、小さな発見とか気づきとかによって起こる「心のさざなみ」を、《あなただけの自己表現》という小舟に乗せて、相手の岸まで運ぶ作業だとわたしは思います。

ようするに、感動を伝えることが、表現の原点であり、コミュニケーションの原動力だと思うのです。ですから、日頃から「あまり感動したりしないなあ」という人は、日頃から「自分の表現」をあまりしていない人だということになります。

でも、それじゃあ「生きていてもつまらない」なんていうことにもなりかねません。場合によっては「生きていること自体が無味乾燥《むみかんそう》」なんて人もいたりします。

恐らくそういう人は、日々を「魂の抜《ぬ》け殻《がら》」のようになって生きているか、自分をなくして生きているか、あるいは、生活そのものを「義務と責任」で割り切って生きているかの、いずれかだと思います。

でも、そういう状態をずっと続けるのは、不可能なことではないでしょうか。「精神の病」に陥《おちい》ってしまわない限りは、人間は生涯、無感動で生きるなんて、ありえないことだと思うのです。

もし、あなたの中に、「感動しない自分」がいるとしたら、それはあなたが、自分で勝手に感動しないことに決めて、もうこれ以上自分が「傷つかない」ように、自己防御をしているか、素直に反応することを拒否しているか……ではないでしょうか。

## ●自分にブレーキをかけるもの

誰でも、心の中に「傷」を抱えて生きているものです。特にものごころついた子どもの頃に、深い「心の傷」を負ってしまうと、いつまでもそれが心の奥深く消えずに残っていて、成長して大人になって、表面的にはそのことを忘れているようでも、心の根っこの部分に居座って、その人の人格や行動に影響を与えてしまうことがあります。

たとえば、子どもの頃、素直に「ありのままの心」を表現したのに、信頼していたまわりの誰かからそのことを拒否されてしまったり、バカにされてしまったりするような経験をもっと、もうそのことに恐怖心を抱くようになります。つまり、心に傷を負うことになるのです。

そうすると、つぎからは、自由にのびのびと「自分を出す」ことに対して、無意識のうちにブレーキをかけてしまうことが起きます。その結果として、自分を表現したい気持ちがなくなるなんて、ふつうではありえないように思いますが、たびたび自分の感情を抑えているうちに、自分が何をしたいのかわからなくなってしまうのです。

わたしたちは、多かれ少なかれ、ほとんど全員がこの傷を背負って、大人になっています。だからこそ、「せーの！」って具合に、自分にかけ声をかけて、自分自身をこの痛手から一気に救い出す必要があるのです。

その傷を癒《いや》しさえすれば、必ずあなたの感性が、「なりたい自分」を嬉々として表わしてくるはずです。

心の傷というトラウマを抱えたままだと、その上にストレスが雪のように積もっていって、生きていくのをしんどいと感じるようになってきます。だから、もしあなたが人生を少しでもつまらないと感じ出してしまったら、あなたは《あなた》をのびのびと表現できる場を用意して、懸命に応急処置をする必要があるのです。

## ●あなた流のありがとう

一つ提案があります。それは、あなたの心が癒される「あなた流のありがとう」のすすめです。まず、紙とペンを用意してください。

つぎに、今、あなたが感謝の気持ちを伝えたい人の顔を、何人でもいいですから思い浮かべて、その人の名前と、何について感謝の気持ちを伝えたいのかを、簡単に書きとめていきます。亡くなった方も含めます。

どんな小さな「ありがとう」でもいいのです。どんな小さなことでも、心に浮かんだものは、あなたの素直な気持ちですから、カットしないで書いていってください。そして書いた数が多ければ多いほど、感謝のエネルギーが、たくさんあなたのからだにあふれてきて、知らないうちに、あなた自身をやさしく癒してくれるでしょう。

つぎに、それをかわいい便箋《びんせん》やカードに書き直しておいてもいいし、パソコンの画面上に打っておいてもいいですから、相手に伝えるばかりに準備しておきましょう。

そうしておいて、改めて、一つ一つを手にして、自分に尋ねてみるのです。

「素直な気持ちを、今、この人に伝えたい？」

ともう一度、自分の心に尋ねてみましょう。このとき、他にもいろいろな思いが浮かぶでしょう。

「でも、こんなことしたら、きっと相手の○○さんはビックリして、わたしをバカにするかもしれない。やっぱり、恥ずかしいよね」

とか何とか、ごちゃごちゃ考えてしまうでしょう。そういう雑念は、わいてきて当然ですから、ここではもう相手にしないことです。

それよりも、それがあなたの素直な気持ちかどうかを確かめることです。つまり、

「この人に、今、自分は感謝の気持ちを伝えたいのかどうか?」

という分け方で、単純にYESとNOに分けます。あくまで、あなたの気持ちだけに耳を傾け、もし「感謝の気持ちを伝えたい」という気持ちが純粋なものならば、そのままYESとして、準備して置いた感謝状を相手の人に送ります。

これで、今まで眠っていたあなたの愛が、やっと《あなた流のありがとう》という翼を得て飛んでいくことができました。

ここで重要なことは、相手のリアクションではありません。あなたが、あなた自身を救うために、アクションを起こして、精一杯の感謝のエネルギーを放ったということなのです。

## ■ゆりりんの「人生Q&A②」

【Q】わたしは、人に自分の意見をいうとき、いつも笑われるんじゃないかと、すごく気になります。それで、笑われないとホッとするのですが、クスクス笑われると、しばらく自己嫌悪に陥ってしまいます。どうすれば笑われないように話せるでしょうか?

【A】あなたは、かつて自分の意見を話して、人から笑われたことがあって、ずいぶん心が傷ついた体験をしているのだと思います。そのときから、ある思考の回路ができ上がってしまったようですね。

「笑われる」ことをあまりに恐れると、自分のことを笑っているのではない他人の笑みまで「自分を笑った」と受け取るようになります。これが乗じて、

「自分はどうせ笑われるような意見しかいわないから」

と、みずからをあざけるようにさえなってしまいかねません。

今のあなたに必要なことは、そのような、あなたを打ちのめす「不要な思考回路」を《たたきこわす》ことです。

《たたきこわす》だなんて、なんとも下品で物騒《ぶっそう》な表現ですね、なんて思ってはいけません。それぐらい強い気持ちでいないと、ついつい弱い自分に、頭の中を支配されてしまうのです。だからまず、

「『また笑われるかもしれない』などと想像しておびえるような思考回路など、わたしにはもう必要ない！」

と自分自身に宣言しましょう。そして、あなたが自分らしく表現をするときは、

「誰か一人が、きちんと自分を理解してくれたらそれでいい。全員がわかってくれなくたっていいじゃない。理解されないことなど、もう怖くない」

と腹をくくりましょう。

そのために、これからあなたに大切なことは何でしょう？

《笑われないように》話をすることでしょうか？　いいえ、《笑いたい人には笑わせておく》という勇気をみなぎらせて話すことです。

わたしにいわせれば、話の内容にしろ動作にしろ、他人を不快にさせるよりも、ふっと笑いでなごませることのできる資質をもつあなたは、ステキな人だと思います。

それがあなたの個性だとしたら、それをなくすんじゃなくて、そのままで、自由に伝えることだけに集中すればＯＫです。

Keyword

# 嘘のない会話

3

Chapter

## ●嘘《うそ》の意味

自己表現の第一歩として、身近な人と嘘のない会話をはじめませんか?

「嘘のない」と書いたのは、自分の真実を偽《いつわ》ると何より自分を愛せなくなるからです。

嘘や偽善《ぎぜん》は、自分を守るためや、あるいはトクをするためにすることで、そのままの自分では自信がないときにでる行為です。またそれは、正直に自分を見せたとき、その後の相手の反応が怖くなるときに、ついつい使う手段といってもいいでしょう。

ところで、作為的にじゅうぶん考えてからつく嘘も、とっさに口を突いて出る嘘も、根本は一緒だといえます。罪に大小はあっても、深層心理は同じだからです。

例えば、仕事でミスを犯したとします。もし自分がミスを犯したことを、正直に上司に言えなかったとしたら、それは上司から叱られるからであり、また責任を取らされるからであり、そのことがイヤだからだと思います。

たしかに、そのミスのせいで、自分がどんな目にあうのか、どう思われるのかを想像すると怖くもなるでしょう。そんな自分を、どんなに正当化して言ってみたところで、それが大きな偽善であれ小さな嘘であれ、それは、自分がその真実におびえているということの裏返しに他ならないのです。

もう一つ、実際にあった例をあげましょう。

ある人が不治の病にかかって余命があと数カ月しかない……と、医者がその家族に告げました。しかしその家族は、この事実を本人には告げませんでした。

なぜなら、もし本人がこの告知を聞いたら、おそらく非常に混乱し、またとても落胆するだろうと、家族の誰もが予想し、そしてその姿を、受け止める自信がなかったからです。口では「かわいそうで見るに耐えないと思った」といっていましたが……。

## ●嘘のないふれあい

ところが、当の本人が余命を知ったら、さぞやつらいだろうと思うのは、じつはまわりの勝手な憶測かもしれないのです。もしかしたら、真実を知った本人が、残りの人生を、精いっぱい充実して生きようと決心するかもしれません。

もしそうだとしたら、その意志を援護して支えるのもまた《家族の愛》だとわたしは思います。わたしたちにとっては、いかに生き永らえるかということに、いのちの価値があるのではなく、いかに人として充実して生き、真実のふれ合いができるかということが大切です。また家族と一緒に過ごす意味もそこにあるのではないでしょうか。

人間関係において、嘘や偽善《ぎぜん》を伴っていては、どうしても心の底からの信頼関係が築けなくなりますし、それよりも、自分自身にも嘘をつくことになるので、結果的に、決して「理想の自分」を探すことができなくなってしまいます。

メッキはいつか剥《は》げ落ちていきます。納得して生きる人生に「必要な嘘」などないとわたしは思います。そもそもその人の人生に起きる真実こそが、一人ひとりが学んでいくためのメッセージに他ならないのではないでしょか。そう考えると、わたしたちは、日々人間関係にもまれながら、真実を受け止める力、またそれを伝える力を養っているということになるのです。

もちろん、「嘘も方便《ほうべん》」という場合もありますが、それはその嘘がばれたとしても、誰も傷つかないし、また自分もまったく後ろめたさが残らない場合に限って、ゆるされることだと理解してください。

では、あなたが誰かと「嘘のないふれ合い」をしようと決意するとき、あなたの中では、どのような変化が起きてくるのでしょうか？　きっとあなたは、《本当の自分》を表わしながら生きようとするでしょう。いわゆる《自己開示》がはじまります。

最初に「とにかく嘘はいわない」という決心をすると、今までなら、体面を保つためだったり、意地を張ったりして、口に出さなかった（出せなかった）思いを、人に語る勇気がみなぎってきます。

## ●素直な「ごめん」がいえる

さて、「嘘のないふれ合い」が生み出す副産物として、典型的なものの中に、誰に対しても、素直に感謝の気持ちを伝えたり、自分の過ちを認めて正直に謝《あやま》ったりできるようになることがあります。

もし「自分が悪かった」と思うなら、その気持ちを《うやむや》にしておきたくないという気持ちが強くなり、その気持ちを何とか相手に伝えようとするからです。

とにかく、表現されない「詫《わ》びる思い」は、はじめから「ない」のと同じです。

もしあなたが、謝るタイミングを逃してしまい、「まあいいや」と思った結果、そのまま忘れていても、その「まだ詫びていない」という思いが、あなた心の奥深くに居座っていて、いつしか罪悪感へと変わっていく恐れがあります。

だから、「謝りたい」と思ったときには、なるべくその瞬間を逃さないで、ためらわずにその「謝りたい」思いを表現しましょう。

## ●正直な心の原風景

しかしわたしは、あなたが知っている話や心の内に秘《ひ》めていることを、何から何まで全部いうべきだといっているのではありません。

例えば、上司に「その失敗は○○さんがしました」と密告《みっこく》して、相手の名前を出すような場合はどうでしょう。もし、あなたがそのことを上司にいいつける行為の背後に、「自分が得をしよう・好かれよう・復讐しよう」というような気持ちが潜《ひそ》んでいるとしたら、それは正直さとは無縁の心、いわば策略《さくりゃく》の心なのです。

ここで大切なことは、たとえ上司から聞かれたからといっても、何もかも隠さないで全部話してしまうのは問題だということです。あなたは、あなたの知性で、状況に応じて《言わないことを選択》すればいいのです。それは、嘘とは根本的に違います。

そのとき大事なことは、自分が相手にどう思われるかではなく、自分がそのときの自分をどう思うかということです。

「正直な自分」の前提とは、まずその正直さを「いとおしい」と感じる自分自身がいることです。そして、そのあなたを維持していく力のことを、わたしは自分で勝手に「心力」とよんでいます。それは気力も精神力も合わせた「心の力」のことです。

人として生まれたわたしたちにとっては、「体力・知力・心力」のどれもが重要であり、また貴重であるはずなのに、この中で、近年もっとも育むことをないがしろにしてきたのが心力なのではないかと思います。

そのせいか、現代人は、自分の感情を制する力や、他人の心の痛みをわかる力が、とても稀薄になっているように感じます。

## ●心の傷は、生きている証

あなたは、自分が本当につらく苦しい思いをした過去の体験を、他人にすべて語ることができるでしょうか？

そう簡単にはできないですね。もしできる人がいるとしたら、その人は「心力」が相当に強い人なのだと思います。

こういう人は、往々にして、相手の心がひどく傷ついて、それを何とか癒そうと思うために、自分が傷ついた過去の体験を話したりします。またあるときは、他人の反応や損得《そんとく》勘定《かんじょう》に振り回されない、真正直な自分で生きているという《たくましさ》を見せたりします。

わたしたちの個性は十人十色《じゅうにんといろ》で、一見バラバラに生きているように見えます。しかしわたしたちの一人ひとりが、みずからの個性を抱えながら、数多くの個性が寄り集まってできている社会の中で、もみくちゃにされて生きているという点では、誰しも同じ心の痛みを抱えているといえるでしょう。

だから、自分を好きになれないという苦悩や孤独感、あるいは他人から受け入れてもらえなくて、傷ついたという経験などは、ほとんどの人が味わっていることだと思います。

言い方を変えれば、わたしたちの心の傷は、わたしたちに共通する《生きていることの証《あかし》》なのかもしれませんね。

もしあなたが、これまで自分で閉ざしてきた「心のふた」を開けて、その中にしまっておいたあなたの《証》を、誰かに見せてしまうとしたらどうでしょう。おそらく相手の人は、「ああ、この人も、自分と同じなんだなあ」と気づいてホッとするのではないでしょうか。そうしてその人も、ようやく閉ざしていた重い心のふたを開けて、ありのままの自分を伝えようとしだすのではないでしょうか。

そこにこそ、深いところでお互いの理解を示し合うチャンスが生じます。

## ●同じ痛みを語り合う

もしあなたが、友人なり知人なりの人生相談に乗るようなことがあれば、あなたは、相手の心の痛みに通じるような「あなた自身の体験」を話してあげるといいと思います。おそらく相手は、それを聞いただけでも救われた気持ちになることがあるからです。

同様に、相手を憂鬱《ゆううつ》にしているコンプレックスや不安、もしくは怒りなどに、あなたが気づいたときはどうしますか？　もしあなたの心の中に、同じようなコンプレックスや不安、怒りなどを見つけることができるなら、それを語ることで、相手に理解を示すことができるでしょう。

わたしの場合も、人の悩み相談を受けながら、

「わかりますよ。わたしも同じことを感じて苦しんだ時期がありましたから」

というと、相談者は驚いて、

「どうやって、その悩みを乗り越えたんですか？」

と、逆に尋ねてくる方が多いですね。そのときは、わたしの体験を相手の立場に照らし合わせて話しながら、ひとつの悩みから解放されるために、まず自分がなすべき決断と、それを実行することで、自分の中に何が起こってくるかを、わかりやすく説明するようにしています。

相談する人は、わたしが自分から心の傷を開示《かいじ》したことで、

「誰でも悩むときは一緒なんだ」

と感じることができます。そうすれば、何とか「自分も乗り越えよう」という勇気を奮《ふる》い起こしやすくなるのですね。このことは、ふれ合いが重要なカギとなるどんな場合にも当てはまると思います。

ところで、世間には「正直者はバカをみる」という常套句《じょうとうく》があるようですが、わたしは「最後に得するのは正直者」だと思っています。

そもそも、自分のついた嘘を、いつまでも憶《おぼ》えておいて、それにつじつまを合わせるべく、あくせくと生きるような人生の方が、はるかにバカらしいと思えてしまうし、生きていく上で、自分を心の底から賛嘆できないことほど淋しいことはないと思います。

あなたも、嘘をつきつつ、小ざかしく生きる自分を心から好きになれないですよね。

## ■ゆりりんの「人生Q&A③」

【Q】わたしは、自分から心を開こうと決めて、彼女に自分の過去の体験を話したところ、彼女は一生懸命、わたしの話を聞いてはくれましたが、彼女自身のことは、ついに話してはくれませんでした。

「やっぱり、わたしには心を閉ざしているのだな」と思うと、悲しくなってきます。わたしの話し方に、何か問題があったのでしょうか？

【A】あなたが、自分の中の思いや話した内容に対して、正直であったなら、なんら悲しむことはありません。あなたは心を開いて話したのですから、そのことに満足して、そのとき会話していた時間を、とても充実していたとして、あなたの中で完結させることが大切だと思います。

あなたが、相手に心を開いて正直に話したということ、つまり「それを聞いてほしかった」という思いは、あなたの中で見事に完結していたのです。

でないと、せっかくの正直な打ち明け話も、相手をコントロールするため、意図的にした行為になってしまいます。

相手が一生懸命、聞いてくれたということは、すばらしい誠意で応えてくれたということです。たぶん相手は、心を共鳴させて聞いていたのだと思います。

あなたと彼女のバラバラな思いが入っている「共鳴箱」の中で、二つの思いがふれ合って響きはじめると、彼女からも「いまだ言葉にならない会話」がはじまります。

今度は、あなたがそのいまだ言葉にならない彼女の会話の理解者になる番です。

だから決して、相手に自分と同じように、正直に胸の内を話すべきだなどと強要しないことですし、またそれを期待しないことです。

彼女が話さなかったということは、まだ話すのが怖いとか、話すタイミングじゃないとか……その心の準備ができなかった彼女なりの理由があるのですから。

たとえ彼女が、心を閉ざしたまま、語らずに終わったとしても、会話そのものを否定して閉ざしていたわけではないのですから、あなたはがっかりする必要などありません。

あなたがこだわり続けるべきことは、つねに自分が正直な態度で、彼女と向き合うことです。そして、相手の準備が整うのを見守り続けることです。

また、無理に相手の自由を奪わないこと。それができるあなたこそが、自分にも相手にも愛情深く、本当の強さをもち備えたあなたなのだと思います。

Keyword
# 誠実な関心
4
Chapter

## ●相手への関心が先

あなたは、誰かにホントの気持ちを伝えたいと思っていますか？　もし、そうだとしたら、きっとあなたは、相手があなたの話を真剣に受け止めてくれて、あなたの気持ちを心から理解してくれることを願うでしょう。

じつは、このような願いをかなえるための「大原則」があります。

それは、「相手の関心を引こうとするより、相手に誠実な関心を寄せること」です。

これは「簡単なこと」でしょうか？　おそらく多くの人は、

「誠実な関心を寄せているからこそ、相手の関心を引こうとしているんじゃない？」

と反論するでしょう。しかしわたしたちは、無意識によく勘違《かんちが》いの行動を起こしています。たとえば、具体的に言葉に表さないまでも、その行動は、

「わたしを見て、わたしをわかって！」

とばかりに、相手の関心を引こうと迫ります。

こうなると、相手の方も、言葉に表れなくても、エゴが見え見えで迫られるわけですから、どうしても《しり込み》をするか、あるいは、何か《引き換え条件》を出してくるかするでしょう。

しかし、もしあなたが、最初にまず相手に対する誠実な関心や気遣いを示すならば、事態はまったく違ってくると思います。従って、相手の態度も違ってくるでしょう。

自分のことに関心を抱いてくれた人に、ふつうだったら、人は好意を抱くものです。そしてその人のことを、すこしでも理解しようという気持ちになるものです。

自然に心が通い合って、親しくなれたり、助け合えたりするような関係は、そういった誠意あふれる《はじめの一歩》からはじまっていくものです。

## ●誰でも自分にいちばん関心がある

考えてもみてください。もともとわたしたちは、自分のことしか興味がないんです。何よりもみんな、自分のことが気になってしかたがないのです。

現に、たとえば「あのとき、みんなで撮った写真ですよ」といって、集合写真を渡されたら、イの一番に自分を探さない人はいないでしょう。

ということは、自分の写り具合に、そのときの最大の関心があるわけです。自分の写り具合を確認した後で、やっと他の人に目がいく……といった具合です。

またたとえば、あなたが、朝から耐えがたい歯の痛みに悩まされていたとします。あなたにとっては、テレビのニュースが伝える事件よりも、隣家の夫婦ゲンカのことよりも、自分の歯痛のことだけが、心を奪われる最大の出来事なのです。

だから、会話の取っかかりとして、もっとも望まれるのは、「自分のことにしか関心のない相手」の立場になって、話題を提供することです。

従って、まずあなたが行うべきことは、今、相手が関心をもっていることについて、あなたが真剣に聞きたいという態度を示すことです。

だから、もしあなたが歯痛で悩む人のところへ行ったとしたら、しばらくは、どういうふうに痛くて、どんなにイライラして大変なのか、その人の「苦しみ」を聞いてあげるくらいのつもりで相手をします。

苦痛というのは、何らかの形で表現することで、多少なりとも軽くなります。気が楽になるからでしょう。

ここまで、会話の原則について、わたしの考えを述べてきました。いよいよ話は佳境《かきよう》に入りそうです。結局、会話を上手に成立させるコツは、相手にとって「気がかりな話題」を探しだして、そこからスタートすることが前提ということです。

こういう話題は、相手の状況がわかれば、いろいろ見つけられるはずです。それこそ、仕事から恋愛、家族、健康、趣味、娯楽にいたるまで、際限なくあるはずですから、会話のネタにはコト欠かないでしょう。場合によっては、はじめに尋ねてもいいと思います。

## ●誠意がいちばんでしょ？

こうして会話がはじまったら、相手の口をついて出てくることに、「そうなんだあ」と一回一回、相づちを打ったり、ときには「それって、○○ということなのよね」という感じで、話の内容を別の言葉でリピートしたりしながら、聞き手に徹することです。

ただし、これまで「誠実な」と銘打ってきたのは、心から相手を思い遣る態度を伴った関心でなければ意味がないということを述べたいがためです。この前提がないと、関心というよりは、プライバシーに立ち入られたような印象を与えるだけで、かえって逆効果になってしまいかねないからです。いますよねえ。いきなり、

「恋人は？」

なんて聞いてくる人。それで、

「います」

なんて答えれば、返す刀で、

「どんな人ですか？」

なんて突っ込んでくる。それで、

「うそうそ、いません」

と応えると、

「へえ、どうしてですか？」

なんて質問してくる始末。つい「よけいなお世話！」と言いたくなってしまう。

あるいは、「ご趣味は？」なんて聞かれたものだから、その気になって今夢中になっている陶芸の話を話しはじめると、質問した当人の意識は、すでに別のところに行って上の空。顔を見ると、早く本題に入りたくて気もそぞろの面もち。

こっちはせっかく陶芸のおもしろさを熱く語っているのに、相手の顔を見て「あれ？」とばかりに、すっかり拍子抜《ひようしぬ》け。もうすこし人の話も聞いてよ、といいたい気分。

これでは会話そのものが拍子抜けになってしまいます。

わたしの体験談ばかりで恐縮ですが、このような感じで、いくら笑顔を作って話してこられ、こちらに関心があるようにふるまわれても、やはりその会話に「心」が入ってなければ、結局、相手はがっかりしてしまいます。

## ●誠意のない関心

ある美容室での話です。そこでは、美容師さんがお客さまを迎えるとき、必ず第一声でお客さまの服装をほめるようにしています。

あるとき、わたしもその美容室に足を運びました。すると、わたしの担当をしてくれる美容師さんが、間髪入れずに、

「まあ、すてきなお洋服ですね。そのTシャツ、お客さまにとてもよくお似合いですよ」

ときた。思わずわたしも苦笑いして、

「これが？　ですか？」

と、やや着古した普段着のシャツを引っ張って見せながら応えましたが、どうやら、そういう台詞《セリフ》は、この美容院の「挨拶《あいさつ》マニュアル」にある《きまり文句》のようです。

着古した普段着のシャツをほめられて、嬉しくないことはないけれど、なんだか、「なんでもいいから、ほめてやったら、このお客は喜ぶだろう」

ぐらいに扱われている気がして、さすがにわたしもムッとしました。

一事が万事。いつもこんな調子で《とってつけたような誠意のない関心》を押しつけられたりしたら、誰でもうんざりして「もうこの店にくるのはやめよう」と思ってしまうで

しょう。

ほめることはいいことです。でも、それがちゃんと《的《まと》を射《い》たほめ方》でなければ、それは《いい加減にほめている》ことであり、つまるところ「誠意ある関心」ではないことを白状することになるのです。

## ●誠意ある関心

では、人の心を動かす「誠実な関心」とはどういうものでしょうか。

ある企業の就職試験の面接であった話です。そこを受けた学生のB子さんは、

「わたしは、社長にお会いできる機会があったら、ぜひ直接お尋《たず》ねしたいと思っていることがあるのですが、ここでお聞きしてもよろしいでしょうか」

と、おもむろにお伺いを立ててから、

「わたしは以前、社長がご自分の役割りについて書かれた冊子を読んで、感銘を受けました。そのときから、この会社で働きたいと思っていました。でも社長は、どうしてあのようなお考えをもたれるようになったのですか?」

と、質問をしたそうです。

わたしはなにも、就職試験の面接のときに、剛胆《ごうたん》にも、面接試験官の不意をつくような

「掟破《おきてやぶ》りの逆質問」をすると効果があるよと勧めているわけではありません。

素直な気持ちからでてきた「素朴な疑問」を、なんのてらいもなく正直に、そして積極的に尋ねたB子さんの「誠意ある関心」は、面接を行っている社長さんの気持ちに通じたのではないかと思ったのです。

もしあなたが社長さんだったら、こういう人に興味を抱かないでしょうか？

おそらく、こういう子なら「社員にしたい」と思う方も多いのではないでしょうか。

「誠実な関心」とは、ようするに、下心のない好意であり、真心《まごころ》でその人のことを知りたいと思う情熱なのです。

人は、誰だって自分に好意を寄せてくれる相手に心を開きます。そして、自分が興味津々の話題に、熱心に耳を傾けてうなずいてくれる人に好感をもちます。

すると今度は、自分のことを理解しようとしてくれているその相手に興味を抱くようになるでしょうし、場合によっては、その人の役に立ちたいと思うものなのです。

ただ残念なことに、世間を騒がす犯罪の中には、さびしいお年寄りを狙って話し相手になり、誠実な関心を装ってすっかり信用させ、嘘の身の上話をもちかけて、困っているからとお金を出させるような詐欺《さぎ》事件が後を絶ちません。

このような例は、会話における心理作戦を巧みに悪用したケースです。

## ■ゆりりんの「人生Q&A④」

【Q】わたしは、セールスに行って、お客さんの話を聞くときに、困ることがよくあります。それは、相手に関心を示そうと話をしたくても、まったく興味のない、そして知らない話題が出てきたときです。

相手の話題についてまったく知識のないままに、ただうなずきながら漠然と「つまらない話だなあ」と思って聞いているのも、相手に対して不誠実だと思うし、かといって我慢していても顔に出てしまいます。そんなときはどうすればいいのでしょうか？

【A】そう。我慢して聞くのはストレスになりますし、第一、相手にも失礼です。そんなときこそ、あなたの「誠実な関心」を示す絶好の機会ととらえましょう。

たとえば、会話の相手が、嬉々としてネット・サーフィンの話をしはじめたとしましょう。ところがあなたの方は、ネット・サーフィンの内容についても、仕組みについても、さっぱり興味がないとします。

さて、ネット・サーフィンがおもしろくてたまらない相手と、まったくその話について行けないあなたとの間の距離は、どうやって縮まるのでしょうか。

じつは、熱っぽく語っているところの、その《相手》に関心を向ければいいのです。「わたしはパソコンがよくわかりません。だからインターネットもほとんど縁がありません。ましてネット・サーフィンの話なんて、ちんぷんかんぷんもいいところです。すみません。でも、何がそんなにあなたを夢中にさせるのか、そこのところは、とても興味があります。そのわけを、ぜひ聞かせてください」

と出れば、きっと相手は喜んで胸のうちを語ってくれるはず。

話の筋道が、そちらの方に軌道修正されたわけだから、あなたも退屈しないで会話の相手に関心を寄せ続けることができるでしょう。結果的にあなたは、パソコンのメカの理解者ではなく、パソコン好きな相手の理解者になれるわけです。すると自然な流れとして、今度は相手が、一つ二つとあなたのことを尋ねてくるでしょう。

いつか相手は、あなたという人物に興味をもち、親しくあなたの話を聞いてくれるようになるでしょう。なぜなら、相手はあなたの誠実さに対して、すでに信頼と満足を抱いているからです。

コミュニケーションの現場においては、関心のあることがらは、人によって違っていても、なぜそれに引かれるかという心の働きにおいては、共通しているものです。

何か気がかりなことがあるときも同じですね。気がかりなことの内容は、人それぞれ異なるでしょうが、気がかりなことがあるときの人間の心理状態ということでは、おそらくみんな共通だと思います。

だから、たとえ相手の好きなことが理解できなくても、それが好きだという相手の気持ちをわかることはできるのです。このことを踏まえて、人との会話に臨みましょう。

ついでにいえば、「心おきなく話させてあげよう」という気持ちで、耳を傾けるのがポイントだと思います。相手に、誠実な関心を示し続けるということは、《気持ちの入った聞き上手》になることでもあるのです。

# 共感というボール

## ●共感

もし、コミュニケーションをスムーズに運ぶコツを、一つだけあげるようにといわれたら、わたしは「共感」をあげます。

よくわたしは、喜びや悲しみといった相手の気持ちを、自分も共に感じて、それを示すことを《共感のボールを投げる》といってたとえますが、これによって、相手は気持ちよく話を続けることができますし、また自分の話は理解されているという実感をもつことができるのです。

たとえば、あなたが大失恋をしたとしましょう。あなたは、友だちに泣きながら、

「もう、二度と人を愛することもない。彼の他に誰かを愛せるなんて思えない」

と訴えます。そのとき、友だちの反応が、

「あなたのことだから、そんなことといったって、また、すぐ誰かに惚《ほ》れるわよ」

「いつまでも、思いつめたって仕方ないじゃない」

「いくら泣いても彼は戻ってこないよ」

というようなつれないものだったら、あなたは、友だちのその言葉に《やさしさ》を感じるでしょうか？　ところが、もし相手から、

「そうだね。うん、うん、わかるよ。それほど一途に、彼を愛したんだものね」

というような「共感のボール」が返ってきたとしたらどうですか。友だちのやさしさに包まれたようでホッとしませんか？　なんだか、自分の気持ちが受け入れられたような気分になれるのではないかと思います。

## ●「否定」と「命令」のボール

このように、コミュニケーションのコツは、あなたがこの共感のボールを最初に投げることにあります。そのボールを投げた後で、自分の伝えたいことや説得したいことを話せばいいのですが、その配慮を抜きにして、いきなり反対意見を相手にぶつけてしまうと、まず相手は心を閉ざしてしまいます。

「共感」の反対は、「否定」と「命令」ですね。ひとたび「否定」や「命令」のボールを投げてしまうと、あとからいくらやさしい言葉をかけても、いったん警戒心《けいかいしん》や猜疑心《さいぎしん》の生じた相手を説得するのは至難《しなん》の業《わざ》です。

とくに感情的になっているときは、自分が正しいから訴えているというより、吐き出したいから訴えていることがよくあるもので、ともかくその気持ちを、まず受け止めてあげることが大事です。それから会話を始めましょう。

でも、わたしたちは往々にして、悪気はないのだけれど、無意識のうちに「否定」とか「命令」のボールを投げてしまうことがよくあります。

先の失恋の例でいえば、

「もうこれ以上、人を愛せない」

というような訴えに対して、

「どうせ、またすぐに惚《ほ》れるよ」

と返答するとしたら、それは、

「あなたのその言葉は信じないよ」

という相手の言葉を否定したボールです。また、

「思いつめたって仕方ないじゃない」

というように応えるとしたら、それは、「もうやめなよ。いつまでも言ってないでよ」と、相手に命令の気持ちを示すボールになります。これでは、当人が救われない気分になってもやむをえません。だから思わず、

「ほっといてよ。どうせわたしの気持ちなんか、わかりっこないんだから」

という反発のボールを返したくなる気持ちもわかりますね。

しかし、言葉の上では相手を否定していても、この友だちの胸のうちとしては、元気を出させようという思いから、

「また恋はできるわよ」

というつもりで「どうせ、またすぐ惚れるわよ」といったわけです。あるいは、

「そんなに思いつめないで」

というなぐさめの意味で、「思いつめたって仕方ないじゃない」といったわけです。ですから、これは単に《選球を間違っていた》だけで、わざとデッドボールを投げるつもりでやったんじゃないのです。カーブが大きくズレただけなのです。

で、やはりまず「共感のボール」を先に投げるべきです。そうすることで、まず、

「わたしは、あなたを応援していますよ」

という気持ちを表わすことが、好感をもたらす決め手になります。

「うん、わかるよ。それほど一途に愛したんだね」

「そんなに激しい恋ができたなんて、うらやましいくらいよ」

といったボールです。このような共感のボールだったら、たとえ相手の心境とまったく

別の見地から、あなたの気持ちを表現していても、きっと相手の反応は違ってくるはずです。そしてそのような共感のボールを投げたあとでなら、あなたの投げかける言葉が、もっとスムーズに誤解されずに相手に伝わるでしょう。

## ●共感の感性（ＥＱ）を築く

わたしたちにとって、「自分の気持ちをわかってもらう」ことは、たいへんな快感なのです。このことを自覚している人は、自然な気持ちから、「相手のいうことも受け止めよう」という気持ちになるものです。

どのような場合でも、あなたが会話をするときは、相手との間に、そういう空気を作るように努めること。その方が、コミュニケーションがスムーズに行くことは明らかですから。それが日常という場なら「感じのいい人」ということになり、仕事の場なら、「仕事のできる人」ということになると思います。

とくに仕事でのディスカッションやセールスの現場においては、その人が「共感のボール」をいかに最初にうまく投げられるかどうかが、仕事の流れを大いに左右するといっても過言ではありません。

この「共感のボール」をタイミングよく投げられる「感性」をもっているかどうか。それはその人の「意識の高さ」に比例するといわれています。これが、よく「ＥＱ（心の知能指数）」の高さとして語られる能力です。

では、ＥＱの数値を左右する「共感の感性」というのは、いったいどのようにして養われるものなのでしょう？

じつは、わたしたちのＥＱの基礎というのは、その人が生まれ育ったときの環境によって、その「原型」が作られるといわれます。それはたとえば、あなたが赤ちゃんのときに、あなたが《気持ちよく感じること》に共感して、その「共感のボール」を投げてくれる母親か、あるいは誰かが、そばにいてくれたかどうか……これが大きく影響するといわれます。

というのは、わたしたちがもつ「共感」の感覚や認識は、赤ちゃんの時代に共感を示された経験をもつことによって、徐々にできあがっていくと考えられるからです。

たとえば、赤ちゃんのおしめを換えながら、お母さんが、

「さっぱりして気持ちいいわねえ」

といつも語りかけていたとします。あるいは、庭に小鳥が降りてきて、

「かわいいね。今日は、鳥さんが、あんなに来てくれてる。嬉しいね」

というような言葉を、いつも投げかけられながら大きくなった子どもは、そういう経験

をあまりしてこなかった子どもに比べると、ＥＱが高くなります。

赤ちゃんは、自分がさっぱりした快感を味わっているときに、母親から共感されることで、それがいかに嬉しいことであるかを覚えます。そしてその頻度が増えるごとに、共感されることは喜びであり、人はそれを求めているという認識を、知らないうちにつちかっていくのです。

だから、共感を示されて育たなかった赤ちゃんは、それがいかに快感であるかを知らないので、自分から共感のボールを投げることを思いつかないわけです。

## ●ＥＱは今からでも高められる

繰り返します。幼児期には、いろいろなまわりの反応が、その子の人格に、色濃く影響を与えていきます。だから、しつけるといって、大人が頭ごなしに叱ってばかりいると、子どもの共感の感性は育ちにくくなります。

母親に手を引かれた子どもが、泥んこになった子犬を見つけました。

「ねえママ、かわいそうだよ」

と、ママの手を引っ張りながらいいました。そのとき声を荒げて、

「まあ、きたないからそんな犬、さわるんじゃありません！」（否定）

「いいから早く歩きなさい」(命令)

などと、いきなり叱りだす母親。これでは子どもが可哀相です。こういうときは、

「あら〜。そうねぇ。かわいそうね」

と、まず共感を示しておいてから、

「でも、ここではね、手が汚れると洗えないから、さわらないでね」

「今日はね、急いでいるから、もう行きますよ」

と促《うなが》しましょう。そして子どもがなごり惜しそうに、いやいや歩き出したら、

「でもね、あなたのそのやさしい心が、ママは大好きよ。きっとあの子犬にも、その気持ちは通じているわよ」

とフォローしてあげましょう。

わたしたちはこのようにして、まわりの影響を受けながら、大人になるまでに各自のＥＱという、共感の感性を示す「心の指数」の基礎をつくっていきます。

だからといって、あなたは、すでに子ども時代を過ぎてしまったと、幼少時代をふり返って落胆《らくたん》する必要はありません。まして、自分のＥＱ不足を親のせいにすることもありません。

「でも、そんなこと言ったって、今から幼年期になんて戻れない。わたしのＥＱは、今か

らはもう変えようがないんでしょ？」

と、反論されるかもしれませんが、じつはEQにはすばらしい性質があって、わたしたちが生きている間は、これをずっと高めていくことができるのです。ここがIQ（知能指数）と根本的に違うところです。

というより、本人の心がけ次第で、EQは死ぬまで極めていけるものなのです。つまりEQを高めるということは、「意識を高める」とか「人間性を高める」とか、あるいは「人としての器を大きくする」とかと、同じようなことではないかと思うのです。

ということは、わたしたちが真に内側から輝くために、EQを高めるということは、必須項目といえるのではないでしょうか。そんな自覚をもちながら、明るく楽しく、会話のイントロには、まず共感のボールを投げることを心がけましょう。

## ●審判をしない

さて、このように「共感のボール」を投げているうちに、あなたはそのコツをつかんでくるでしょう。こうなると、楽しくなります。

なぜって？　ボールを投げるたびに、あなたは、そこに「思いやりに満ちた自分」を発見するようになるからです。

ところであなたが投げる暖かい共感のボールは、あなたが《その状態にある相手》を、ただ《そのまま受け止める姿勢》にあるからこそ投げられるものです。この姿勢が不可欠なのです。別の言葉では、相手の「審判役をしない」ということです。

どんな人にも、《その状態になっている》のには理由があります。また、その人が今この感情にとらわれているというのにも理由があります。

だから、無闇《むやみ》にあなたの「物差し」で、相手に「いい・悪い」の審判を下さないことです。ましてや心の中でバカにしたりなどしないことが大切です。

つまり、その相手の状態が、あなたの価値判断からいって、正しいかどうかということではなく、その状態に至る相手の体験があって、「今はそういう気持ち」だという事実をそのまま受け止めることが大切です。

あなたは、相手からうかがえる事実に対して、一切審判を下さないで、

「わたしはあなたのことを理解しています。わかっています。ここで見守っています」

というような、静かなやさしさを示してあげましょう。それこそが「共感」です。

共感は「賛同」ではありません。だからこそ、相手がどんな状態でも関係ありません。

どんなときにでも「共に感じて一緒にいてあげる」ことができるのです。

「わたしは、ただあなたとともにいます」

そうして、相手の感情が落ち着いたら、あなたの考えや伝えたいことを、

「それについて、私の気持ちをいってもいい？」

というスタンスでコミュニケーションを図《はか》ればいいと思います。

時間がないときでも同じです。たとえあなたが焦《あせ》っていても、このプロセスを飛ばすべきじゃないですね。もし相手に、あなたが《焦っていて、話し相手になることを面倒がっている》というふうに伝わったとしたら、話や関係がこじれていく原因にもなりかねません。

ともかく、共に感じてあげる時間を惜しまないようにしてください。それが必ず相手との融和への道しるべになるからです。

こうしたことは、上下関係があるリレーション、つまり上の者が下の者に向かっていう場合も同じだと思います。立場によって言葉遣いは変わっても、人の心理は変わらないものです。くれぐれも、いきなり否定したり、命令したりしないように心がけましょう。

## ■ゆりりんの「人生Q&A⑤」

【Q】わたしの上司は、すぐ感情的になって怒るので、みんなにイヤがられています。わたしも、叱られるとムッとしてしまいます。

相手がとても攻撃的な場合は、どのようにして共感のボールを投げたらいいのでしょうか？

【A】確かに、「こんな人とは、共感なんかしたくない」と思わせるような相手はいるものです。でもそれが上司ともなれば、コミュニケーションを避けるわけにはいかないですね。だったら、やはり投げるのは「共感のボール」以外にはありません。

さてあなたは叱られているときに、

「なんてイヤな性格だろう」

という《否定》の意志表示や、

「文句をいうのは止めて！」

という《命令》の意志表示を、言葉にこそしないものの、相手に送っていることに気がついていますか？　それは前述の「あなたの雰囲気」で伝わります。これでは、相手の

「無意識の抵抗」を助長することになってしまいます。

人はなぜ怒るのでしょうか？

一般に「怒る」という行為は、怒っているその本人が「ＳＯＳ」を発信していることを示します。この心理は、上司だろうが子どもだろうが同じです。

ようするに、わたしたちの怒りは、相手に対して、

「自分の思い通りにならない苦しい胸の内を、わかって欲しい」

と心の奥で訴えている姿なのです。

だから、まずその心情に対して「共感のボール」を投げることで、感情的になっている相手を、早く落ち着かせることができます。

ということで、叱られていることがらに対して、自分なりの意見や事情の説明や反論はあるでしょう。しかしそれをいう前に、

「お腹立ちはわかります。申し訳なく思います」

というようなことを、あなたの言葉で伝えましょう。事態がままならなくて不愉快《ふゆかい》でいる相手の心境をくんだ共感のボールを差し出すのです。

それでも、つぎの小言がはじまったら？　また同じように、相手の立場を想像しながら共感を示しましょう。こうして、前に述べた「審判をしない心」で、全面的に相手の状態

に共感を見せ続けていると、もう相手はそれ以上、無意識下での抵抗のエネルギーを増幅させようがなくなってしまいます。

もちろんこれは、上司に限ったことではありません。傷ついた友人や家族が、口ではどんなに怒りをぶつけてきても、たとえあなたのことを責めてきても、あなたは、

「それじゃ、怒りたくなるよね」

という共感のボールを投げ続けてあげてください。

対立する両者の仲裁に入るときもそうです。だから、仲介上手は、共感のボールをふんだんに使える人でもあります。

あらゆる話し合いは、このようにして相手の感情の波をしずめてから、本題に入っていく方が、結果的にうまく運ぶのです。

## ●快適な空間

ここでいうテリトリーとは、人間の安心領域のこと。快適な物理的空間のことです。

いざこちらから心を開いて、相手の話を聞こうとしても、それ以前に、もし相手に不快感を与えているようなことでは意味がありません。これまで述べてきたように、好印象を与えるコミュニケーションの基本は、いかにして相手の気持ちになれるかどうかにかかっているのですから。

さてあなたは、人と会話をするとき、自分が立つ位置や向き合う角度によって、相手のかまえ方が違ってくることを意識していますか？　またあなたは、いつも相手にとって「心地よい距離」を保っていますか？　そのことを意識していますか？

コミュニケーションをはかる上で、心を通わせたい相手をいかにリラックスさせられるかに気を配ることはとても大切です。あえて緊張を引き起こすような要因は、少しでも取り除いておく方がいいからです。

わたしの知人に、いつも人の真正面にドーンと立って話をする人がいます。堂々と話をするという態度はいいのでしょうが、これでは相手はリラックスできないですね。

これは第一章の「からだ」篇でも述べましたが、もう一度説明します。真正面にまっすぐかまえた姿勢、つまりお互いの両肩を平行させて、ぬり壁《かべ》のように目の前に立たれると、人は、なんだかいどまれているような印象を受けて緊張してしまいます。

これは、「挑戦的」とか「攻撃的」とかといった感じを相手から受けるためです。

こんな緊張した空気を察したときは、なるべく相手の横に並ぶようにするか、そうでなければ、少しからだの角度を変えて、相手と扇形（Vの字）を作るようにして、別々の方角を向いて立ちます。

このようにして、立ち話をするときは、相手の真正面に立たないように心がけますが、これは座った場合も同じことがいえます。

## ●からだは斜め、顔は正面

日本のニュース番組では、アナウンサーやキャスターが、ややタレント的に扱われるケースが多いせいか、胸から上の上半身が、真正面からドーンとアップで映されるのを日常よく見かけますね。

しかし米国のニュース・キャスターは、からだを斜めにかまえて、どちらかのヒジを前に出すようなポーズで話すことが多いのです。これはもちろん、画面を通して与える印象を考慮して、ソフトなイメージを演出するためです。

このような動作は、わたしたちが日頃、座って話をするときの参考にできます。

喫茶店でも応接室でも、テーブルをはさんで相手の正面に座るときは、からだのラインだけは、真正面に向き合わないように、少し斜めにして座りましょう。そして顔は、正面を向けて、相手をちゃんと見て話すようにします。

以前、毎日のようにカウンセリングを行なっていたときがあるのですが、当然わたしも、クライアントの真正面は避けて、イスをL字型に配置していました。

あなたも、こうしたポジションによって与えるさまざまな心理的影響を知ることで、効果的な位置関係を作ってアプローチできると思います。

### ●相手の横に立つ

たとえば、何かで傷ついたり、ヘソをまげたりして、怒っている子どもに対して、なるべく威圧しないように話をしようとすれば、正面からではなく、後ろからそっと声をかける方がいいでしょう。

あるいは、子どもの横に並ぶようにしますが、そのとき、できればしゃがんだり、腰を曲げたりして、相手の背の高さよりやや姿勢を低くして話すといいでしょう。

泣いている女性に声をかけるような場合も同じです。正面を避けて横に並び、静かに短いセンテンスで話してください。この話し方だと、女性に過度な刺激を与える心配がありませんし、彼女のさらなる混乱を避けられると思います。もちろん、あなたのやさしさも伝わりやすいでしょう。

さてつぎに、わたしがテレビのレポーターをしていた時代に起きた、もっとも傷ついた思い出を、逆の例として紹介しましょう。

その日わたしは、ある大物俳優さんにインタビューをしました。もちろんテレビの収録ですから、カメラも回っていました。一五分ほどインタビューをしたわたしは、これで無事につつがなく収録の仕事が終わった……と思いました。

ところが、カメラが回っていることを示すタリーランプが消えた途端に、わたしの真正面に座っていたその俳優さんが、急に仁王立《におうだ》ちになって怒鳴《どな》りだしたのです！　わたしを見下ろすなり、わたしの鼻先を指さしながら罵声《ばせい》を浴びせてきたのです。

「なんだこのインタビュアーは！　無礼にもほどがある！」

とすごい形相で怒鳴りだしました。

「は……？」

と、わたしはビックリです。

「何かマズイことでも聞いてしまったのかしら？」

と、ショックで急に頭の中がパニック状態になりました。

## ●威圧の法則

案《あん》の定《じょう》、この俳優さんは、

「あんなことを聞いてくるのか？」

と、インタビューの内容に怒り出したのです。そして、

「インタビューするのはいいが、こんなレポーターを使うようなら、今後もうおたくの局の取材には協力せんぞ！」

という最後通告までだしてきました。

さて困ったのはディレクターですが、結局、やむなくインタビューのある部分をカットする方向で、なんとか相手の怒りをしずめて、了解をとりつけたのでした。

あとで感づいたことですが、この俳優さんの行動は、どうやら「ひと芝居《しばい》」を打ったというのが真実のようでした。

というのは、あの俳優さんにとって、本当に聞かれたくないことを、わたしが不意に(彼にとっては、おそらくは無神経に)聞いてしまったために、たしかに彼は動揺してしまったのです。

そんなみっともない姿を収録されてしまった。これはなんとか「ひと芝居」打って、その恥ずかしいシーンをカットさせなければ……ということで、

「インタビュアーに無礼な扱いを受けた!」

といってクレームをつけたわけです。

もちろんこの事件で、わたしもずいぶん悔しくて悲しい思いをしました。と同時に、わたしにとって、このことは、忘れ得ない苦い経験になりました。というのも、カメラが回っているときといないときとでは、「こうも違うのか?」ということを、この俳優さんは見せてくれたのです。もちろん、芸能人のみんながこんなにガラッと態度の変わる人ばかりではありません。念のため。

しかしこれなどは「避けたいコミュニケーション」の筆頭にあげられる例ですね。でも、彼の場合は、威圧を目的にした演技だった可能性があるわけで、その意味では、さすがと思わせるほど完璧な演技だったということになります。

さて、この俳優さんの威圧の演技をもう一度ふり返ってみましょう。

まず、相手(わたし)の真正面に、相手を見下ろすように立ったのです。つぎに、相手の顔を指さしながら、大きな声で怒鳴ったことです。

もしあなたが、誰かを叱る場合に、もっとも効果的に、もっとも威圧感を与えるように叱るには、このような行動をとることが望ましいでしょうが、反対の意味で、もっとも避けるべき「会話のパターン」として、読者のみなさんの参考にしていただければ、わたしにとっても、せめてもの救いです。

## ●相手との距離

さて続いて、会話をする相手との具体的な「距離」です。ここに「快適な距離感覚」を考える上で役に立つ、おもしろいデータがあります。

しかし快適な距離というのは、会話の相手によるのです。相手が、恋人なのか、友人なのか、全く知らない人なのかでは、当然のように違ってきます。

まず、相手が恋人の場合はどうでしょう。あるリサーチで、

「何センチくらいの距離で話したいですか?」

という質問をしました。あなたならどう答えますか? このリサーチでいちばん多かった答えは「五〇センチ」だったそうです。

この距離は、ちょうど電車などに並んで座っていて、腕がふれ合っているような状況で、目と目を合わせて会話をするような距離ですね。

さて、相手が友人となると、やや事情が異なります。このリサーチでは、安心領域は「七〇センチ」に伸びました。電車の場合だと、腕がふれない程度にゆったり座って、お互いに顔を見て話すというような距離です。だから、もし電車が混んで、腕がふれ合うようにぴったり座った場合は、きっとお互いに前を向いたままで話すでしょう。

さらに、ちょっとした知り合い程度の人や初対面の人と話をする場合は、もう少し距離を置く方が安心できるようです。その距離は「九〇センチ」です。

よく知らない人ですから、電車では当然、無理して隣りに座らないし、座ったとしても、顔を離すような感じで、姿勢を変えながら会話する感じです。

これが立ち話だったら、腕を伸ばして相手にさわるかさわらないかの間隔を保っているのが安心だということになります。これらは、歩きながら話すときにもそのまま当てはまります。自分の場合を思い出して参考にしてください。

そして最後に、見知らぬ人、アカの他人との安心領域についてです。

これは公共の距離といって、通常は「一メートル」といわれています。

街中ですれ違ったり、待ち合わせの場所で隣り合わせになるとき、知らない人との距離が一メートル四方あれば、わたしたちは快適でいられるのです。

でも実際には、日本の混雑事情からいってそうはいかない場合が多いので、人ごみにいるだけで、わたしたちは心身ともに疲れを感じます。

こうした人間のテリトリー感覚について認識しておけば、相手に対してさりげない配慮ができますし、もし逆に、自分が落ち着いて話せないようなとき、相手との位置関係や距離に気づけば、さりげなくあなたは、からだの向きや場所を変えることで、快適なコミュニケーションを測ることができるのです。

## ■ゆりりんの「人生Q&A⑥」

【Q】アメリカを旅していたときのこと、歩き疲れた僕は、公園のベンチを見ると、お年寄りが一人だけで座っていたので、その隣りに腰をかけました。ところが、この老人から「もっと遠くに座れ」と言われて驚きました。おそらくこの老人は、「自分はスペースが欲しいから、お前はベンチの端の方に座ってくれ」という意味でいったのだと思いますが、僕はショックでその場を立ち去ってしまいました。これはどういうことなのでしょうか?

【A】日本人の感覚でいくと、公園の大きなベンチに、見知らぬ者同士が座るのは、よく目にする光景かもしれませんね。日本のように「人口密度の高い国」で生活するうちに、わたしたちは、屋外でも屋内でも、空間を独り占めにできない環境に慣れているということがいえます。

ところが、もっとゆったりした生活環境で暮らす異国の人たちや、プライベートを重んじる欧米の国々では、プライバシーにまつわる意識が大きく違うのです。

つまり、欧米人と日本人のテリトリー感覚には、歴然とした違いがあるということができます。

欧米の人々が、全体にもっとゆったりした間隔を好むことは、いうまでもありませんが、とくに際立った違いが見られるのは、こういった「公共の安心領域」についての意識です。

前に述べたような日本人の安心距離とはまったく異なり、欧米人の場合は、見知らぬ他人とは「三メートル」くらい離れていないと、警戒心をもつというデータが出ています。これは、日本人の平均値の三倍にあたる距離です。

だから、一般に欧米人は、公園のベンチで、見ず知らずの他人と隣り合わせになったら、それだけでリラックスできなくなるということが考えられます。だから、「離れて欲しい」といったのです。

テリトリー感覚が基本的に違う彼らにとっては、こちらが「気にしなければいい」というような意識ではなく、あちらは「気がしれない」と感じるような意識なのだということを理解してください。

しかし別の見地からいうと、日本人が海外に旅行して、盗難などの被害にあいやすい理由の一つには、この安心領域の感覚の違いがあるといわれます。

わかるような気がしませんか？

さあ次は、
なりたい自分になるためのヒントです！

# 第三章

## 魅せる自分を創ろう

――なりたい自分になれる「自己イメージ」

Keyword

# イメージング

1

Chapter

## ●イメージした通りになる世界

もしあなたが「なりたい自分」になろうと思ったら、「自己イメージ」を明瞭にすることがとても重要になってきます。ちなみにあなたは、自分自身の目標とするイメージをいくつかもっていますか?

いくらあなたが、自分の理想に向かって、意識して生きようとしても、具体的なヴィジョンがなければ、おそらくどこからどう手をつけていけば、その理想に近づいていけるのか、わからなくなってしまいます。

そこで、ぜひ日常的に活用してほしいのが、あなたの《イメージング力》です。

イメージ・トレーニングという言葉を、誰でも耳にしたことがあるでしょう。あれはスポーツ界だけの専売特許ではありません。じつは、このイメージ・トレーニングは、潜在能力を開発するために、誰にでも使える有効な方法なのです。

どういう方法かというと、「将来、わたしはこうなる」という具体的な映像を、最初にあなたの脳に予約しておくのです。つまり、あらかじめ、自分がこうなりたいというイメージを、自分の脳に焼きつけていくという手法です。

イメージ・トレーニングは、イメージングによって、自分自身の目標をクリアーにさせ、自分の意志によって、現実にイメージした通りの人生を展開させていくことができる、という考えから生まれた方法です。

だから、これはいわゆる「お願い」ではありません。イメージを使って「脳に既成事実を作っていく」作業なのです。いわば脳の開発プログラムといえます。

実生活にこのノウハウを取り入れることで、思い通りの人生を展開させやすくなる、というようなことを述べると、世の中には「そんなバカな」と思われる方が大勢いますが、じつはわたしたちは、この方法を知らず知らずのうちに活用しています。実際に、あなたも、イメージしたままの現実を、知らないうちに作り出しているんです。

たとえば、あなたが自転車に乗る練習をしたときのことを思い出してください。あのとき、あなたは必死で自転車のペダルをこぎましたね。あなたの自転車は、フラフラしながら前に進んでいますが、さてどっちの方向に向かうかわかりません。

ふと見ると、道路脇《わき》に溝《みぞ》がありました。

「あ！　そっちに曲がっちゃいけない！　危ない！」

と思えば思うほど、なぜか自転車はそっちの方に曲がってしまいました。そんな体験があなたも一度や二度ありませんか？

これは、あなたが《そっちに曲がって、溝に落ちるイメージ》を強く思い浮かべて、実際にそうなったときのことを恐怖したために起きた現象だといえます。

## ●イメージングの構造

さて、脳にとっては、あなたが「溝に落っこちたら困る」という便宜《べんぎ》上の都合は関係ありません。脳は、あなたが真剣にイメージング＝信じたことを、忠実に実践する役割りを果たすのみです。

あなたは、たしかにそのとき、ヨロヨロとした足取りの自転車とともに、溝に落っこちる光景を、強くイメージングしたのです。だからそのイメージ通りに、あなたの脳は働いて、あなたをして溝に向かわせたのです。

もちろんこれは、あなたの《望まない方向》にその力が働いた例ですが、もしこの力を逆の方向に活用すれば、あなたの中に眠っている潜在能力を引き出すパワーになるでしょう。

こうしたイメージングの働きに関する研究は、近年盛んに行なわれていて、人間の潜在能力を発揮するという効果がすでに実証されてきています。こうして確立された方法がイメージ・トレーニングなのです。

では、具体的に何か題材をあげて、このイメージングをやってみましょう。

最初に、将来、自分が叶えたい願いや目標にする自己イメージを、何か一つ選び出します。ここでは、仮に「恋人と相思相愛のわたし」という設定をしましょう。

まず、脳の前方に、この願望が叶《かな》ったときのあなたの姿を、ありありと思い浮かべてください。これを、毎日続けるのが「イメージ・トレーニング」です。

じつは、これだけのことなんです。簡単でしょう？　あなたは、「そんなことだったら、言われなくても、年中想像してるわよ」と反発するかもしれません。でも、いまだにその願いが叶っていないのは、なぜでしょう？　それには理由があります。

じつは、ふだんわたしたちがよくする「想像」というのは、俗《ぞく》にいうところの「ファンタジー」です。そう、幻想なんですよね。

わたしたちは、この「ファンタジー」と「イメージング」の違いを、はっきり認識して臨む必要があります。でなければ、その効果を味わうことはできません。

ではつぎに、その違いを確かめながら、「イメージ・トレーニングの三つの注意点」をチェックしましょう。

## ●イメージ・トレーニングの三つの注意点

### ［その①］場面について

あなたが行なうイメージングは、あくまでも「自分の姿」である必要があります。自分が主演している映像を、ＶＴＲの画面で見るようなつもりで、じっとその「将来像」を見つめ、脳に焼きつけていきます。

いくら彼のやさしさに満ちた顔がいとおしいからといって、「彼の顔」をイメージしたのでは意味がありません。あなたの脳にとって、「他人の顔」は管轄外《かんかつがい》なのです。

大事なことは、あなたの脳の潜在的な部分に、「わたし自身がこうなる！」という姿を信じ込ませることです。脳は、それに沿ってあなたの行動、つまりは、あなたの現実を創り出していくのですから、あなた自身のイメージでなければ役に立ちません。

そこで、場面設定としては、すでに彼に愛されて、幸せいっぱいの《あなたの顔》が絶対に必要になります。どうしても「彼の顔が欲しい」という人は、あなたとのツーショットならいいでしょう。

以前、わたしのところに相談にこられて、こんな愚痴《ぐち》をもらした女性がいました。

「わたし、お金持ちになりたくて、毎晩、脳裏に高々と現金を積み上げているところをイメ・トレしていますが、どうもダメですね。もうこんなの疲れてきました」

というのです。

キャッシュではイメージングの対象になりません。わたしはこう質問しました。

「お金持ちになるために、あなた自身がしたいことは何ですか?」

すると、彼女は仕事で成功を収めたいと応えました。そこで彼女に、仕事で成功して裕福になった自分の姿を思い浮かべるようにアドバイスしました。

くれぐれもイメージ・トレーニングというのは、あなたの脳に、あなた本人をどのように動かすべきかという命令を下すために、潜在的なイメージを刷り込む作業だということを忘れないでください。

**[その②] 時について**

イメージングの「時の設定」は、もう願望が叶ったという「現在完了形」で設定します。だから、願いが叶った自分の姿をありありと思い浮かべながら、「達成感・満足感・至福感」といった感情を味わうことになります。これが、ふつうの「想像」であるところのファンタジーとは大いに違う点です。

ファンタジーには、「こうなったらいいなあ……」というあこがれ感や、「願いはするが、しょせん叶わないだろうなあ……」というあきらめ感、つまり、想いはするけれど、これらは非現実……という感覚がついて回ります。しかしこの状態だと、あなたの脳は「お呼びがかかった」とは思わないのです。

逆にいうと、ここがイメージングのもっとも難しいところです。

脳は、イメージング通りのことを《実証する》ために自分を動かしますから、ここで《疑惑》が介在していては、効力を発揮することができません。つまり、現実に刷り合わせる必要がなければ、つまりそうなると確信している本人がいなければ、あなたの脳は機能しないということです。

ところが、実際にイメージングをやってみると、多くの人が、現実に起きてもいないこと(結果)を先に味わうのは、むずかしくてどうも上手くできないといいます。

もしあなたも、実際にやってみたけどむずかしいと思うようだったら、

「願いが叶って、ありがたいわ」

という感謝の思いで、体中をいっぱいにする……という方法をおすすめします。

ようするに、自分の潜在能力に対して、一心に感情を込めて感謝を抱けばいいわけで

す。しかしこのとき、いわゆる「神頼み」にならないように注意してください。そうでないと、「お願い」をした途端《とたん》に「他力本願《たりきほんがん》」になってしまいます。

イメージ・トレーニングは、あくまでも「自力本願」で行います。自分自身が実践して習得する技術なのです。

**［その③］マインドについて**

つぎに大事なことは、イメージ・トレーニングによって、自分の潜在能力が発揮されると信じることです。あなたの行なうイメージングは、有益で「すごいものだ」と心から信頼することです。

これは、自分自身の力を信じることにもつながってきますし、生きる自信にもなっていく部分です。ですから、「わたしにはどうせできないだろう」とか「ダメで、もともと」というような不信の感覚でいるのなら、やるだけ無駄《むだ》です。それでは、ファンタジーを抱くのと何ら変わらないのです。

イメージ・トレーニングは、ある種の自己変革ですから、それをやる以上は、真剣にやらなければ意味がありません。そして、あなたが「どのくらい没頭《ぼっとう》できるか」ということが、あなたの将来を左右します。

だからスポーツ選手は、「ホームランを打つ」「ＫＯする」「飛べる」「勝てる」「できる」と、毎日、極端な話、選手生命をかけて必死で、このイメージ・トレーニングをするわけです。

冬のオリンピック競技に出場したスキージャンプの選手が語っていました。

「もしジャンプ台の上に立ったとき、飛べないイメージが少しでも脳裏をよぎったら、本当に失敗するでしょうね」

彼らは、そのくらい脳のメカニズムを熟知しているのです。その上で、飛べると信じて飛ぶのですから、能力が発揮でき、また記録を更新していくことができるのでしょう。

もちろん、当日のコンディションには諸条件が加わるので、結果は飛んでみるまでわからないにしても、万が一にも、失敗するようなイメージが脳裏をかすめないように、「成功ジャンプ」のイメージが「確信」になるようにイメージ・トレーニングを重ねていくのです。

これと同じことが、わたしたちが、ふだんの生活でイメージ・トレーニングを行なう際にもいえます。あなたがふっと疑惑をもつことと、選手がジャンプ台で一瞬の恐怖を覚えることとは同じことです。だからこそ、自分の力を信じ切ることが、成功を導く鍵だといえるのです。

## ●恐れのイメージは強烈

繰り返しますが、あなたはこれまでにも無意識のうちに、自分の信じる自己像を、現実に作り出しては体験してきています。

あなたは、心から「こうなったら困る」と思って心配していることを、たとえそれを望んでいないにもかかわらず、自分の人生に引き寄せてはいないでしょうか？

だってあなたは、その「困っている自分」を真剣に想像して、恐怖しています。まだそれが起きたわけでもないのに、「ああなるかもしれない」と、細かなところまで結果を想像して、ごていねいにその感じをかみしめ、日々恐れて生きています。それは、もう立派なイメージ・トレーニングなのです。

あなたの脳にとって、あなたの《都合》は関係ありません。むしろ《恐怖》ほど強烈なインパクトのあるエネルギーはないのです。だから、心配ごとの想像が現実味を帯びれば帯びるほど、具現化する可能性が高まります。

実際によく実現してしまう「恐れのイメージング」のラインナップはつぎの通りです。

「失敗するかもしれない」という《不安》

「嫌われたらどうしよう」という《心配》

「そんなにうまい話があるわけない」という《疑い》の三つです。もし今のあなたが、どこか「自分に自信がもてない」と感じているとしたら、こうした否定的な発想を、いつか誰かから吹き込まれ、恐れのイメージングを幾度となく行ないながら大人になったのかも知れません。

もしそうだとしたら、あなたは、せっかくのあなたの「創造のパワー」を、不本意な方向に使っていたことになります。その結果として、

「やっぱり失敗した」

「案《あん》の定《じょう》、嫌われた」

という結果を招き、いわゆる「ダメになったいい話」という苦い経験を多少なりとも味わってきたのではないかと思います。

## ●運を強くする生き方

もちろん、日々のいろいろな出来事は、いろいろな要因といろいろな人の思惑が絡み合って起こるのが常ですから、チラッと不本意なことを想像して恐怖したからといって、それがすぐ現実になるというわけではありません。

だからそんなことに恐怖を抱く必要はありません。しかし、日常的にイメージングを重

ねていくなら、それが人生に影響を及ぼすことは歴然としています。

そのことをよく知っている人は、みずからが人生に引き寄せるべきものをちゃんと意識的に選ぶようになります。

つまり、余計な不安に身をやつすようなマネはしなくなるわけです。心配しても仕方のないことは、それ以上考えないし、その分のエネルギーを、もっと自分の潜在能力を引き出したり、自分が前向きに生きられることに費やすでしょう。

もし、そういう人をハタから見たときは、おそらく《運の強い生き方》をしている人に映ると思います。そしてたしかに、そうなっていくのですから、これは実際に運を強くする方法といえるかもしれません。

イメージ・トレーニングは、いわば自分の潜在的な能力との対話のようなものです。だから、あなたがなるべくリラックスした状態で、心身が解放されているときに行なうのが効果的です。

たとえば、お風呂に入って湯舟《ゆぶね》につかっている間とか、寝る前の横になったひとときなどに、じっくりと気長に実践していくのがいいでしょう。

Keyword

# 心をお風呂に入れよう

2

Chapter

## ●心が疲れるとからだも疲れる

からだは心を忠実に反映します。

正確には、あなたのからだは、つねにあなたの心の深層の状態に、とても正直に呼応しているのです。

だから、じつはあなたが「ああ、疲れた」といってふさぎこんでいるのは、体調のせいではなくて、心が疲れてよどんできたことの反映だといっても過言《かごん》ではないと思います。

もちろんあなたのからだは生理的に疲れているでしょう。でも本当は、心が疲れたがために、それがからだに連鎖《れんさ》反応を起こしているのです。

あなたの心がでよどんでいては、心身に活力をみなぎらせることはできません。だからいくらあなたが、意識の力をフルに活《い》かして「なりたい自分」を打ち出そうとしても、心がよどんだままでは、それはかなりむずかしいでしょう。

もしあなたの心が、ストレスという垢《あか》を積もりに積もらせて、すっかり元気をなくしているとしたら、その心は、ちっとも手当てをしてもらえなくて気の毒ですね。よどんだままだと不健康になっていくのは、心もからだも同じことです。不健康とは、わたしたちの心身がかたまって順応性がなくなった状態をいい、逆に健康とは、心身がゆるんでリラックスした状態をいうんですね。

だから、心とからだの両方が健康であってはじめて、あなたはその柔軟さを保つことができます。また心身は、解放され、ゆるんだ状態になってはじめて、いろいろな潜在能力を発揮することができるのです。

考えてみれば、わたしたちは毎日お風呂に入って、新陳代謝《しんちんたいしゃ》を促して、汗を流して、からだをさっぱりさせますが、心の方はややほったらかしにされていませんか?

そこでわたしは、心をお風呂に入れることを提案します。

## ●心の入浴

心に積もったストレスとは、あなたのネガティブな感情です。

その陰にはあなたの「怒り」があり、その裏側には「傷ついたあなた」がいます。ネガティブな感情をつくり出している怒りは、発散されるべきエネルギーです。

この怒りのエネルギーを昇華させるプロセスが、そのまま傷が癒えていくプロセスとなりますし、そのときストレスが発散されるのです。

だからこそ、心をザブ〜ンとお風呂に入れて、あなたがこれまでに抱え込んできだネガティブな感情を一気に洗い流してしまえればいいわけです。

ただし、世間一般でいわれているような「ストレス解消法」では、心のお風呂の代わりにはなりません。典型的な例で多いのは、お酒を飲むとか、何かおいしいものを食べるとか、買い物をするとか、カラオケに行くとか、クラブで踊る……という方法ですね。

これらは、まあ《やらないよりはやった方がまし》という程度の「気晴らし」にしかならないでしょう。気晴らしでは、ネガティブな感情を根こそぎ解放することはむずかしいのです。

だから、あなたがこうしたネガティブな感情を、根こそぎ解放しようとしたら、こうした他のことに《置き換える》ことはしないで、直接的にその原因にアプローチする必要があります。

というのも、感情のはけ口を他のことに求めて、つまり問題を置き換えている間は、いっとき怒りを忘れたとしても、本来の怒りがなくなったわけではないので、ふとしたことで思い出せば、やっぱり腹立たしくなるし、何も問題を解決していない自分にウンザリしてしまうからです。

これをいつまでも繰り返していくと、ある日、突然キレて感情が爆発したり、肉体がパンクして病気になってしまったりする恐れがあります。

では、直接的にアプローチするにはどうすればいいのでしょうか?

## ●なぐり書きで吐き出そう

さて、あなたのストレスの元になっている不快な感情そのものを、表現して昇華してしまう有効な方法があります。それを紹介しましょう。

あなたが抱えているネガティブな感情には、必ず元凶になっている「不快な体験」があるはずです。たとえば、誰かに何か傷つくことをいわれたとか、ひどい仕打ちを受けたとか、あるいはふがいない自分自身に対して情けない、ゆるせないと思ったとか……というような出来事です。おそらくそれは、思い出すのも忌々《いまいま》しくて腹立たしい出来事だったかもしれません。

しかし、さあ今、その忌々しい出来事を、思い出しましょう。しかもアリアリとその出来事を、それが起こったときと同じ気持ちになるまで、心の中に再現させましょう。

これは、あらかじめ大き目の紙とペンを用意して、一回につき一つのテーマで行ないます。

さあ、あなたの心の奥深くに眠っていた怒りが、ふつふつとわいてきました。あなたの怒りをむき出しにした言葉がでてきました。その言葉を、怒りのエネルギーに乗せて一気に吐き出してしまいましょう！

その紙の上に、あなたの怒りに満ちた本音を、露骨《ろこつ》にさらけだした言葉を書きなぐるのです。たとえば、

「アイツは大嫌いだッ！　ブン殴ってやりたい！」
「どうしてわたしがあんな目にあわなきゃならないの！」
「自分ばっか、いいカッコするんじゃないわよ！」
「わたしって大ばかものの意気地なし！」

といった具合です。いろいろな言葉が勝手に口をついて出てくると思いますが、その中から一つの文章を選びます。一つにしぼる理由は、あなたの思考を完全にシャットアウトするためです。

その言葉にあなたのメいっぱいの怒りをぶつけて、口でもぶつぶつ同じ言葉を繰り返しながら、一心不乱に目の前の紙に、一〇〇回ぐらい書きなぐります。

これはセルフ・セラピーです。ということは、だれも見ていませんから、手加減する必要はありません。体裁もヘチマもありません。ともかく、一心不乱にやり抜くことが成功

の秘訣です。

さて、この《儀式》を無事やり終えるとどうなるでしょう。あなたは、かなりのテンションを維持しながら集中して、気力・体力の両方をいっぺんに使い果たしてしまうわけです。だから脱力感とともに、ほとんどの不快なエネルギーが抜けてしまって、心の中が空っぽになっていることに、自分自身が驚くでしょう。

## ●叫ぶ！

もう一つの方法があります。右と同じ文章を、一五〇回大声で叫ぶのです。

これはもう、途中で言葉を変えたり、ストーリーとして説明したりしないで、とにかく闇雲《やみくも》に思いついた一つの文章を怒鳴り続ける作業です。

これは一五〇回、時間にして五分くらい行なうわけですが、この間は目をつむり、こぶしを握りしめ、思いっきり力んで、全身の筋肉を硬直させながら、うんと声をしぼり出します。

このとき同時に、クッションや枕などを力任せに叩きながが、この「叫び作業」を行なうと、より効率的に、感情が発散できるでしょう。以前は、わたしもずいぶんクッションのお世話になりました。だって長年、溜《た》め込んだ怒りを、これでもかといわんばかりに、次から次へと爆発させるのですから。

これらのセラピーは、あなたがそのようなネガティブな気持ちに、どれくらい集中できるかが最大のポイントになります。

このように、直接ネガティブな感情そのものを、なんらかの方法で洗い流してしまうことを、わたしは「心のお風呂」とよんでいます。

まあ、書きなぐるのはいいとして、力いっぱい叫ぶとなると、やや場所を選んだ方がいいかも知れません。ちなみにわたしの場合は、クッションを二つ使いました。一つは「叩き用」ですが、もう一つは「口当て用」にしたのです。

## ●エネルギー転換のメカニズム

ところで、わたしたちの周りには、心をお風呂に入れる名人がいます。幼い子どもたちです。あなたも覚えがあるでしょう? その昔、

「今泣いたカラスがもう笑った」

と言われませんでしたか?

幼い子は、顔を真っ赤にして泣いたと思ったら、次の瞬間には、もう笑っています。思い切り泣くことで、怒りのエネルギーが放出されるため、子どもは、たちまち怒りの感情

から解放されるのです。こうしてスカッとしたために、つぎの新しいことに夢中になれるんですね。

前に述べたように、怒りというのは、ある状態にあるエネルギーですから、それをフォーカスして狙い撃《う》ちすることで、エネルギーの形を変えることができます。じつはこれが「心のお風呂」によって、ネガティブな感情を解放するメカニズムなのです。

このメカニズムは《嬉しいこと》についても当てはまります。

想像してみましょう。あなたはオリンピック選手です。そしてたったいま、優勝が決まりました。金メダル獲得です。あなたは、

「やったー！」

とばかりに、ガッツポーズをつくって、その感激をめいっぱい表現しました。そして仲間と抱き合って喜びました。勝利インタビューにも満面の笑みで応えました。

さてその翌日、あなたの感激は、どのように変化しているでしょうか？　アナウンサーがあなたにリクエストしました。

「昨日と同じように、生々しい感動を、インタビューで再現してもらえますか？」

しかし、あなたのテンションはもう昨日とは違います。明らかに「下がっている」ことに、自分でも気づいて驚くかもしれません。

これはもちろん、あなたが優勝を確認して、めいっぱい喜んだことで、その喜びの感情にフォーカスしたために、喜びのエネルギーが解放されたからです。

もちろんあなたの記憶には、その感激の光景が残るので、ふり返って喜びをかみしめたり、語ったりすることはできますが、こみ上げてくる感情の噴出は、もう一段落ついています。

しかしそのような感激の体験が、あなたの中に、それまで支えてくれた人々への感謝の気持ちを生じさせたり、また新たなやる気を生み出したりするのです。

## ●「恨《うら》み」になる

このように、一般にわたしたちは、嬉しいときはのびのびと喜びの感情を表わして発散するのに、ネガティブなものは、胸の奥深くに抑え込んで溜めてしまうような傾向があるようです。

おそらく、嬉しいこは、それを正直に表現しても、まわりから歓迎されるけれども、嬉しくないこと、つまりネガティブな気持ちは、表現するとまわりから嫌がられる傾向が強いためではないかと思うのです。

もしかしたら、本人が一刻も早く、そのネガティブな感情にフタをして、忘れてしまいたいと思ってしまうからかもしれません。

ところが、ネガティブなエネルギーは、はやめに根こそぎ退治しないと「恨み」に姿を変えてしこりとなっていきます。しかもそれが結構リアリティをもって残るため、いつまでたっても、その話になると、泣けてくるとか、怒りがわいてくるとかという現象が起きやすくなります。その延長上に、復讐心が生まれるのです。

そんなわけで、ネガティブなエネルギーは、なるべく早いうちに処理するに越したことはありません。前に述べたように、消したいエネルギーを具体的に集中攻撃することで、形を変えてしまうことが解放のポイントです。

ただしその感情が、深い心の傷に根ざしていればいるほど、昇華させるまでに時間を要します。だから、一回ですっきりしない場合は、何回も、また何日でも、同じテーマにしぼってその作業を行なってみてください。

## ●心のお風呂、わたしの場合

繰り返しますが、この方法なら、自室でひとりでもできることです。そして、あなたがあきらめなければ、必ず楽になれる方法なのです。だからくれぐれも、気が散るような場所で行ったり、何かを気にかけながら行なったりしていては効果がありません。そのつもりで備えてください。

かくいうわたしの場合は、ちょっとしたことがあっても、今や日常的に、この「心をお風呂に入れる」テクニックを活用しています。

たとえば、机のはしに足の指先をぶつけて、飛び上がるほど痛いとき、電話を待っているのにこなくてイライラしてたまらないとき……など、わたしの身に降りかかるありとあらゆる不快感を、この方法で発散するんです。足の場合だったら、

「ああ、ぶつけて不愉快！　ぶつけて不愉快！　ぶつけて不愉快！……」

と目を閉じて、悔しさと不愉快のエネルギーが変化するまで、集中し、身を固めて繰り返します。すると、ぶつけた痛みは残っていても、ほどなく不愉快ではなくなって、楽になります。また、

「ああ、電話がなくてイライラする！　電話がなくてイライラする！　電話がなくてイライラする！……」

とやれば、電話はないままでも、イライラが解消されるので、気にならなくなります。すると他のことをしながら待てるようになります。

ともかく、わたしたちが少しでも快適に暮らすためには、知らないうちに溜まったストレスを、なるべく早く解消するに越したことはありません。

さて「心のお風呂」という作業は、慣れてくるとエネルギーが昇華されるタイミングが感覚的にわかってきます。ですから「はい、一丁上《いっちょう》がり」と、結構楽しんでできると思います。

心だってお風呂に入りたいのです。だからときどき、こうして面倒を見てあげると、気分だけではなく表情まで変わってきて、まるで湯上りあとのさっぱりした《あなたらしいあなた》になっていくと思います。

このお風呂には、入り過ぎによるのぼせも副作用もありませんが、ただ中途半端に終えてしまうと、不快なエネルギーを感覚に浮上させたまま、置き去りにしてしまうことになるので、返って苦しくなる場合があります。それなりの準備と覚悟をしてはじめるようにしましょう。

## ●イメージング能力

六〇兆個もあるといわれるわたしたちのからだの細胞は、半年以内に骨以外の多くの部分は、新らしく入れ替わってしまうといわれます。ということは、骨組みを残して、あなたは半年ごとに新しく生まれ変わっていることになるのです。

にもかかわらず、現実には、あなたは半年前と同じ顔をしているし、かかえている病気だって半年前と同じです。なぜなら、細胞には生命体の設計図があって、たとえ新しくつくり替えるにしても、やはり同じ設計図の通りにつくり続けているためです。

その中でもがん細胞は、突然変異して誕生する細胞で、からだにとっては必要のない細胞なのですが、やはり突然変異した状態のままで、みずからをコピーして増殖するために、広がっていくやっかいな病気です。

各々の細胞の中にある遺伝子は、この生命体の設計図を覚えている記憶装置です。がん細胞をなくすには、この記憶装置の働きに変更を促すしかありません。

そんなことができるのでしょうか？　じつはそれは、わたしたちの意識の力によって、再入力が可能ではないかと、現在、考えられてきているのです。これが人間のもつ「イメージング能力」だと考えてください。

というのも、現代では、こういうホリスティックな発想にもとづいて、本人の自然治癒力を高める治療方法が、世界のいたるところで研究されているからです。たとえば、

「がんは、たとえ手術しても治らない」

という確たる認識、つまり人類意識のような信念をもって、もっといえば、前に述べたように、治らないところの自己イメージをもって、そのエネルギーを強烈に発し続けていれば、前に述べたように、それはリアリティある既成事実として脳にイメージングされるので、実際にそうなる率は高まるのだと思います。でも逆に、

「がんはわたしに気づきをくれた。しかし今はもう、役割りが終わったから、もはや必要がなくなった」

と、心から信じて、恐れないで、がんが不要となった自己イメージを、自分の中に根づかせれば、自然治癒力がアップして、症状がよくなる可能性がぐっと高まります。

日本には、「病は気から」という言葉があります。この言葉は、気(意識・心)のもちようで、病気になってしまうことをいったものです。現に、わたしたちのからだは、病気にな

ると信じれば吐き気がしたり熱も出たりするようにできています。そのくらいわたしたちの信じ込んだイメージに、からだは忠実なんです。

## ●知らないうちにふり回されている

じつは、老いもそうなんですね。

お年寄りを見ながら大人になったわたしたちは、子どもの頃から脳に刷り込まれた、

「人間は、年相応に老化していくものだ」

というイメージが、確固たる信念となって働いています。だから、どんなに嫌がったところで、老化は確実にやってきます。そしてそれを恐れれば恐れるほど、ますます着実にふけ込んでいきます。

余談ですが、最近の核家族の家庭で育った若い世代は、お年寄りを間近で見て育ってきていないので、もしかしたら、人間が老化するというイメージの強度は、さほどではないかも知れません。だからか、かつての日本人に比べて《若い》というか《幼い》というか、実際の年齢よりもずっと若く見える人がふえたように思います。

まあこの話は、また別の機会にゆずるとして、わたしたちは、日常、知らないうちに刷り込まれたさまざまな「恐れのイメージング」によって生じた諸々の現象に、自動的にふ

り回されているという現実があるのですが、こんなふうに、ふり回されて生きるのなんて、ばかばかしいと思いませんか?

ばかばかしいと思ったなら、今この瞬間から、あなたの人生を、無意識のままの「恐れのイメージング」によって進行させるようなことは、やめさせましょう。

まず、その意志を発令するのです!

そのつぎに、あなたが「こうなりたい」と思うところの自己イメージの詳細を、あなたの心に指令します。そしてその詳細の指令通りに細胞を動かします。もしあなたが、

「このままの自分で終わりたくない」

と思っているとしたら、今こそが眠っている潜在能力を発揮するときです。あなたのイメージング力で、細胞の記憶を塗り替えていくときです。それはあなたの意識の力で可能になることなのです。

「そんなことといわれても、そう簡単にはいかないでしょ」

というふうに、もしあなたが思っているとしたら、まさにそう思っている通りに、現実も「簡単にはいかない」という展開をしていくのです。

これこそ、あなたの無意識が記憶している《お決まりの反応》だといえます。

「わたしはどうせ、こういう性格だから……」

と心で決めつければ、そのイメージ・キャラクターのままを、あなたは生きることになるでしょう。そしてそのイメージ通りの人生ドラマが展開し続けていくことになります。

## ●人生の主人公はあなた

ところで、あなたのことを、「そのような性格」と決めつけているのは、いったい誰でしょうか？　またあなたの能力に、「どうせこの程度」と見切りをつけているのは、誰なのでしょうか？

その正体は、あなたなのです。だから、これから先は、あなたのこれまでの人生の脚本を書き変えましょう。そして一回きりのあなたの人生を、新しい脚本によって、悔いのない人生ドラマに変えてしまいましょう。

平穏無事《へいおんぶじ》、順風満帆《じゅんぷうまんぱん》……そんな無難な人生なんて、どうせどこにもありはしません。あなたがジッとしていても、万物が変動していきます。これは宇宙の定め。

ということは、いくらあなたが静かに、何もしないで、無難にしていようとしても、あなたの心とからだ、あなたのまわりの事態や状況は、刻々と動くということです。

わたしたちの心は、いろいろと動くことで、いろいろなことをわたしたち自身に知らせてくれています。そしてもし、このことが自然の摂理で行われているとしたら、もう何も心に飛びこんでくるものを恐れることもないし、そのことに抵抗することもいらないですね。

あなたは、心に描かれていく風景を、ただ楽しんでいればいいのです。そう、喜怒哀楽をです。それが、「自由自在に自分の心を動かせる」ということではないでしょうか。

「ああ、こんなことがあったね。そのときは辛い思いもしたけど、でもそれでよかったんだ。わたしは成長できたもの。そのことが、今は嬉しい。いらない体験なんてないんだ」

そうやって、自分がどんなふうに変われたかを、自分で確認することができるというゆとりがすてきだと思います。

こうして、だんだん「なりたい自分」になっていることを、わくわくしながらながめていることのすばらしさ。これこそすてきな生き方だと思いませんか?

このような《すてきな生き方》をしていくためには、つねに変化を先取りして、その変化に対応でき、それを享受して味わえる自分を作り出していく姿勢が必要です。

人生に「何が起きるか」は問題じゃなくて、「どう対処するか」で、あなたの生き方が決まってしまうのだということを覚えておいてください。

## ●人生の脚本を書き直そう

あなたらしく生きる方法、つまり、あなたにしかできない人生の満喫法とは、あなた自

身が、あなたの人生の演出家になって、あなたというキャラクターを動かしていくことなのです。たとえば、

「たった五分だから、待たせたってかまわない」

「あの人のことだから、どうせゆるしてもらえる」

「誰も見ていないから、今回だけはごまかしていいや」

「どうせわからないから、嘘でも何でも言っておこう」


これまでのあなたの人生に、もしこうした一コマがあったとして、それが、あなたが本当になりたい自分とは、明らかに違うものだとしたら、今日から、さっそく、あなた自身に変化の指令を出しましょう。

これまでの自分がとっていた行動の責任を、性格のせいにしたり、能力のせいにしたりして、自分を内心ゆるせないままにしておくことはもうやめて、気づいたときから、謙虚に人生の脚本を書き改めていきましょう。


「小さな約束も、大きな約束も同じ。きちんと守ることにしよう」

「相手を見て、態度を変えるようなことは、一切しないことにしよう」

「誰かが見ていようがいまいが、責任のもてる行動をすることにしよう」

「バレないからといって嘘をつくのは自分をあざむくこと。正直でいよう」

こうした《手はじめの小さなこと》をすっ飛ばしていては、大きな夢は叶いませんし、また信頼される自分へも、愛される自分へも、たどり着くことはできません。

いずれにしても、《あなた》という素材と真剣に向き合いながら、日々小さな革命を起こして「なりたいあなた」に迫っていくしかないのです。

あなたが比較すべきは、他人ではなくて、過去の自分自身なのです。

## ●自分が変わっていくことを楽しむ

そのような人生脚本の一コマ一コマを書き直しをしたあとに必要なのは、あなたがどのくらい新しく描いたその「自己イメージ」を、日常生活で意識しながら生きていけるかということです。

もしあなたが、新たな人生を決意して、それを強く意識し続けることが苦痛だと感じるようだったら、とてもじゃないけれど、あなたの人生を変えていくことはできないと思います。

はたから見てすばらしく見えるものの実態は、それを編み出している小さなピースの一つ一つがすばらしいことにその根拠があります。だから、日常のささいなことにでも、「自分が変わっていく」という意識をもちつづけ、そのことに喜びを見い出しつづける人ならば、いつか大きな幸福へとたどり着けるでしょう。

いっぱい試行錯誤《しこうさくご》しつつ、それでいてそのことを楽しみながら、「なりたい自己イメージ」のアイデアを、どんどんふくらませていってください。

というのも、こうした「自己変容のプロセス」そのものが、あなたの魅力となり、あなたの人生となっていくからです。

## ●すべてはあなたの自由意志が決めること

ところで、あなたは子どもの頃、どんな自分になりたいと考えていましたか？　どんな夢を抱いていましたか？　将来は、何をしたいと思っていたのでしょうか？

大きくなった今、子どもの頃に抱いた夢の実現を、たとえば山の頂にたとえると、あなたは、何合目まで登ってきているでしょうか？

数々の難関を突破して宇宙パイロットになった毛利衛さんが、TV番組の中で、子どもたちを前にこういいました。

「夢はもち続けなくちゃいけない。夢は絶対にあきらめなかったら叶うんだ。大人になるとみんな子どもの頃の夢をあきらめちゃうけど、おじさんはね、ずうっとパイロットになって宇宙へ行く夢をあきらめなかった。だからなれたんだよ。あきらめないとね、それに向かっていくしかなくなるんだ」

毛利さんは語っています。夢の実現はあなた次第です……と。

わたしたちには、じつは大変な宝物が与えられています。それは「自由意志」です。あなたの個性を生かすのも殺すのも、それはあなたの自由なのです。この本を読むだけにするのも、書いてあることを実践してみるのも、それはあなたの自由なのです。

過去のあなたの自由意志が生みだしたもの、それが今のあなたです。ということは、将来のあなたは、今のあなたの自由意志がつくり出すものです。

「なりたい自分になんかなれない」と思うのも、「こうなったら、あきらめないでやってみよう！」と思うのも、どちらを選ぶのもあなたの自由です。あなたの意識のもち方で、今この瞬間から変わります。自由意志の選択によるのです。

だから、どの方向に心を向けて生きるかを決めているのは、もっといえば、悩むか悩まないか、あるいは何に悩むかを決めているのは、じつはあなた自身。

これが「人は、その人の信じた世界に暮らしている」といわれるゆえんなのです。

## ●信じる世界に生きている

人生において大事なことは、何が起きるかということよりも、そのときどう対処するかということだと書きました。それぞれの人の対処の仕方に、それぞれの人の信じる世界が表われてきます。

ここでいう「信じる」とは、自分にはこの方がいいとか、これが適しているとかというときの、その人の「判断」のことです。

たとえば、やや俗世間的な例で恐縮ですが、あなたがサッカーくじや宝くじを引いて一〇〇〇万円を当てたとしましょう。そのときあなたは、どう思うでしょうか?

「誰かに知られると、よってたかってたかられるだろうから、内緒にしておいて、自分だけでコッソリ使おう」

と思うあなたは、人は人にたかるものであり、それはわずらわしいものだと信じているから、その信じる通りに、あなたは《警戒する世界》に生きることになります。また、

「誰にも言わないでおいて、老後のために貯金しておこう」

と思うあなたは、老後にはお金がなければ心配だと信じているから、その信じる通りに、先々に《備えるために生きる世界》に住んでいることになります。あるいは、

「どうせこれはあぶく銭。みんなで楽しく騒げる使い道を考えよう」

と思うあなたは、人と楽しく分かち合うことが幸せなことだと信じていて、その信じる通りに、《今をみんなで楽しむことを大事にする世界》に暮らしているのです。

つまり、多くの人は、自分が決断したことによって味わうであろう感情や、起きてくるリアクション＝反響や、予想される状況に、心を左右されて、その生活環境が決められてしまうのです。

さあ、あなたは、何を信じてどんな世界に生きたいと思っていますか？

## ●わたしたちは自由な存在

わたしたちは、これまでもそうであったように、これから先もまた、自分が信じるままに、自分本位の判断をしながら生きていくのです。そしてその判断による選択が、わたしたちの人生を創造していくのです。

このように考えると、わたしたちは、意外に「自由な存在だ」という気がしてきませんか？　だとしたら、自分のところに何が降りかかってきても《へっちゃら》ではないでしょうか？

なぜなら、わたしたちの自由意志による判断で、「自分の力を信じる」「自分を元気にする」「いつも自分を慰め、勇気づける」ということを心に決めて臨機応変に選択していけば、その瞬間からわたしたちの運命は、大きく方向転換をはじめるからです。

だからあなたも、何があっても、決して自分を非難したり、卑下したり、ののしったり、悲観したり、傷つけたりしないことを、心に決めて生きてみてはどうでしょう？
その方が、きっと人生、楽しいと思いますよ。

## ●不思議な色めがね

もしそんな選択を、あなたが決意するなら、わたしはあなたに、ある不思議な「色めがね」をかけることをお勧めします。その「色めがね」は、めがね屋さんに売っているような、「物質のめがね」ではありません。「心がこしらえるめがね」です。

それは、他人にふり回されないで、徹底的に自分を応援し続けるために、自分の心がこしらえる「自分を見るめがね」です。しかもこのめがねには、ある種の色づけがなされなくてはいけません。

それはどんな色かというと、《無条件の愛》の色、つまりいちばん深い愛情という色です。この心のめがねは、自分を見るめがねですから、その最高に深い愛の「色めがね」をかけて、自分を見てみましょう。

そこには、どんなあなたが見えますか？　おそらく、これまでと同じあなたの状態を、今度は無条件で受け入れて「肯定」するあなたがいるのが見えているでしょう。

「すべての体験は、わたしを成長させるためにある」

「わたしの個性は、発揮されるためにある」

「わたしの能力は、使われる日を待っている」

と、信じるあなたです。そして、そんなそのままの素直な気持ちでしばらく暮らしてみませんか？

そのつぎは、この無条件の愛の「色めがね」をかけたままで、他人のことも見てみましょう。

そこで見えているのは、決して他人を非難・中傷《ちゅうしょう》したり、ばかにしたり、ののしったりしないあなたです。何があっても、相手を元気にし、慰《なぐさ》め、勇気づける「色めがね」をかけたあなたです。すでに自分のことを、心から勇気づけられるあなただから、他人のことも元気にしてあげられるのですね。

人は結局、ふだん自分にかけている言葉しか、他人にもかけられないようです。だから自分にやさしいあなたが、他人にもやさしいあなたになります。そのときにこそ、あなたは、最高の自分を表現することになるのです。

あなたが、自分を生かすことをおもしろく感じるようになると、世の中の人は、こんなにも個性があふれていて、すばらしい、ということを実感するでしょう。

# 人生のハンドル

## ●「いい」と「悪い」の境界線

よくいわれることですが、世に《出来事》とよばれるもの、それ自体には、はじめから「いいこと」も「悪いこと」もありません。出来事は、起こるべくして起こるのです。では、何がよくて何が悪いのかというと、あなたにとっての「いい・悪い」があるだけなのです。

ようするに、一つ一つの出来事に対して、「これは都合がいい」と考えるあなたと、「これでは都合が悪い」と考えるあなたがいる、ということです。

だから、出来事そのものは、そのまま変わらずにあっても、あなたの都合が変わりさえすれば、「悪い」が「いい」に変わるし、またその逆もあるのです。さっきまで険しかったあなたの顔が、急にほころんでくるなんてことは、日常茶飯事でしょう。

たとえば、あなたが車を運転していて追突されたとします。

「ついてない最悪の事故!」

と嘆いていたあなた。ところが、追突してきたドライバーが、思いのほか紳士的で、誠実でした。示談の話し合いを何回も繰り返すうち、いつしか二人の間に、恋が芽生えてきました。こうなると、この追突という「出来事」は、あなたにとって「いい」「悪い」のどちらになるのでしょうか？

またたとえば、あなたが会社からリストラされたとします。

「なんでわたしが、リストラされなきゃならないの？」

と憤慨していたあなた。ところが、これとぴったりタイミングを合わせるような形で、前からやりたかった仕事に関係する依頼があったので、あなたは思い切って独立に踏み切りました。念願の仕事に思い切り打ち込める環境が整いました。

これなどは、どうでしょう？　この場合、リストラという出来事は、結果的にあなたにとって「いい」のでしょうか、「悪い」のでしょうか？

逆のケースもあります。就職がいち早く内定したので、「ラッキー！」とばかりに、他の企業をみんな断って喜んでいたら、なんと入社直前にその会社が倒産した！

この場合はどうでしょうか？「ああ、ついてない」となるでしょうね。

## ●「いい・悪い」にふり回されない

このように、自分の都合によって、いつもあなたの感情は《一喜一憂《いっきいちゆう》》の波にもてあそばれていることが明かだというのに、いまだにあなたは、自分の境遇をすべて出来事とか他人のせいにして、悩んで憂苦していませんか?

ここでしっかり、頭のスイッチを切りかえましょう。出来事というのは、もともと「中立」です。あなたの人生において日々起きる出来事は、晴れた日や雨の日があることと、さして変わりはありません。

なぜなら、雨もまた本来、中立的な現象であるのに、それを「喜ぶ人」と「喜ばない人」が同時にいるわけです。

わたしたちはつねに、自分の行動については「損か、得か」で勘定し、出来事については、自分が「困るか、助かる(ありがたい)か」で判断し、また人物については、自分が「好きか、嫌いか」で選んでいるのです。そのような選び方で、それらが「いい」か「悪い」かを日常的に判断しています。

しかし、すべてのものごとは、初めからニュートラルな存在で、ただ生じているだけなのです。

ゆりりん講座・番外編

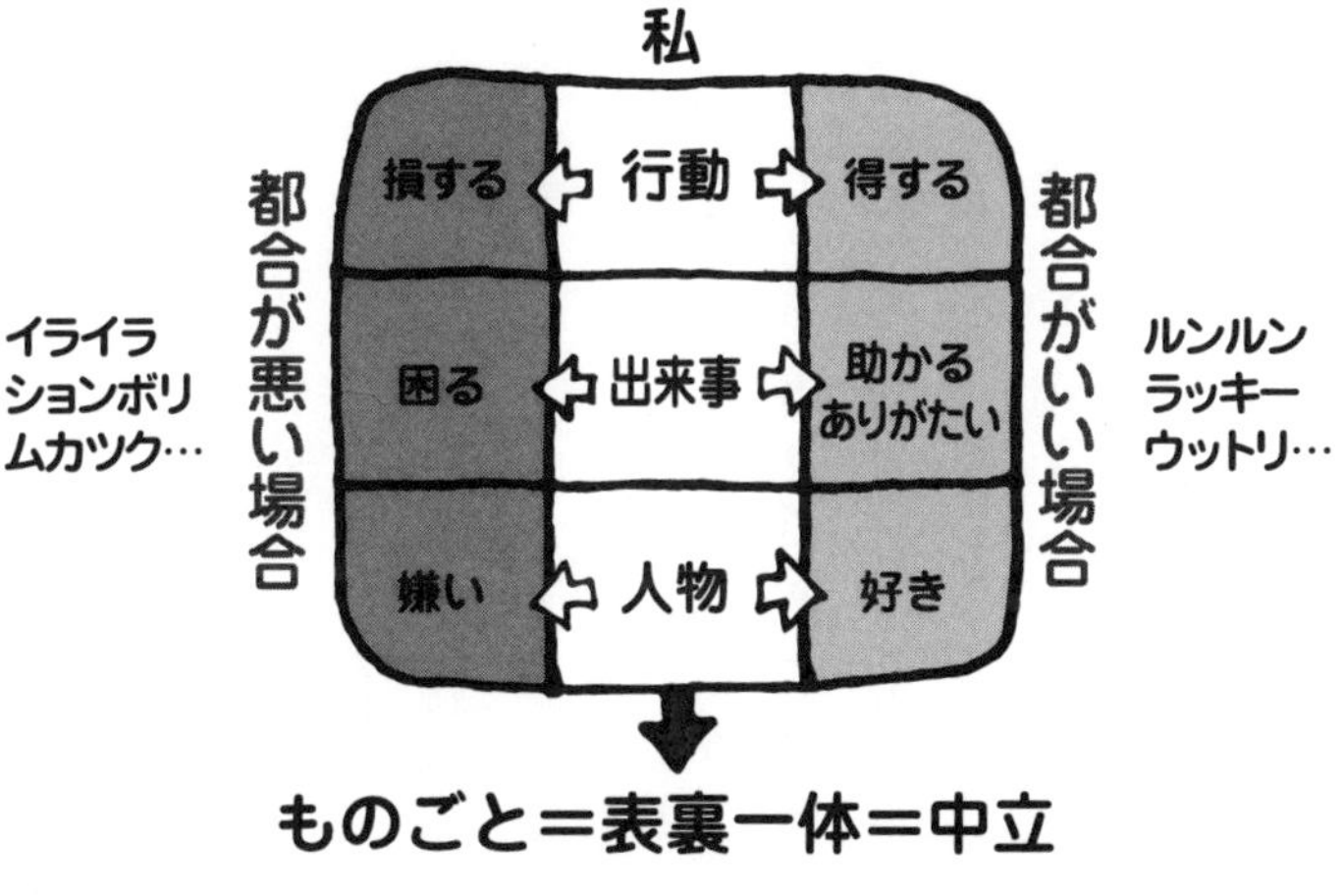


人はそのときの自分の都合によっていい・悪いを判断している

先の例でいうと、「車をぶつけられた」という、本来忌わしいはずの事故が、結果的には恋人との出会いに変じたということになります。すると、あなたにとっては、同じことがらが「悪い」ことから「いい」ことへと、シフトしたことになるのです。

ところがそのとき男性には、じつは彼女がいたのですが、にもかかわらずその男性は、彼女をあっさりふってしまい、あなたを選んだ……としましょう。

こうなると、あなたにとっては「最高」の男性が、ふられた彼女にとっては「最悪」の男性になってしまいます。追突事故を起こした上に、相手の女性を誘惑して、自分の彼女にしてしまい、あろうことか、元の恋人を裏切ってしまったのですから。

さらにです！　結婚してみたら、なんと相手は救いようのないほど女癖の悪い男だったとしたらどうでしょう？　こうなると結婚そのものがあなたにとっては「困った」出来事となってしまい、相手の男性は「最高」の位置から引きずりおろされてしまいます。

その一方で、ふられた元の彼女にとっては、結婚しないで「助かった」とか、復讐ができて「ありがたい」ということになるかもしれない。

またあるいは、女癖の悪いこの男性は、女性にとっては「最低」の男でも、母親にとってはやさしくまめで「最高」の孝行息子だったりするかもしれません。

こうして考えていくと、あの追突事故という出来事は、ただ《縁》に触れて起きてきた現象に過ぎない、と考えることができます。

ではわたしたちは、そのように、ものごとにふり回されて、一喜一憂しないで生きていくためには、どういう態度が必要になるのでしょうか。

## ●「決めつけ」を排除する

もしあなたが、何かの問題にぶちあたったときは、日常的な「悪い」という判断をやめてしまうことです。これが第一です。

「この問題は、いいことでも、悪いことでもない。ただ単に《起こったこと》なのだ」

というふうに、ものごと自体に、ある特定の感情や観念を注ぎ込まないことです。

そうして、ものごとの「全体像」を見るようにします。

あなたが、そのときもてあましている不快な感情は、あなたの「決めつけ」によって生じたものです。

「この問題は、○○じゃなくちゃダメだ」

「この出来事は、○○という結末でないとまずい」

といったたぐいの「決めつけ」です。このような決めつけが価値観を、いったん横に置けば、あなたは、かなりニュートラルにものごとを見ることができるようになるでしょう。

たとえばあなたが、車をぶつけられ、怒り心頭に発しているとき、

「わたしは今、この出来事を、わたしの目の前で起こったひとつの現象として、たまたま味わっているだけなのだ。それだけだ」

というような発想に、一八〇度切り換えることができないでしょうか。そうすれば、あなたはさらに一歩進んで、

「この現象の中で、わたしを拘束している『価値観』があるけれども、これがわたしの感情をかき立てているに過ぎない」

ということを、なんとなく実感できるようになるでしょう。

そうなると、自分の反応にも、出来事そのものに対しても、理解ある受容の気持ちが自然にわいてくるので、ぐっと楽になります。さらに、やたらと何かを責めたり、悩んだりする気持ちにならなくてすむと思います。

## ●あなたの個性の発現を阻害する判断

では今度は、これをあなた自身のことについて当てはめてみましょう。

あなたの中には、あなたの個性がのびのびと発揮され、活かされていく上で、不都合に

働く判断がたくさんありはしませんか?

たとえば、あなたが、

「わたしはいつも、集団の輪の中からポッリと取り残されていくタイプ。何か自分の考えを言っても、誰もそれをまともに受け取ってくれない。決して和を乱すタイプじゃないんだけど、和にとけ込めるタイプでもない。いつも何かみんなとリズムがずれている。わたしは《受け入れてもらえない》タイプなのだわ」

という孤立感を漠然《ばくぜん》と抱きながら悩んでいたとします。

悩むという背景にある、あなたの価値観は、「集団にとけ込める人こそ、いい人」というものです。確かに、「他人と調和できる」ことはすばらしいのですが、はたしてそれが「自分を殺してしまう」場合は、すばらしいといえますか? わたしは、むしろそうなっていた自分に以前は悩んでいました。「協調性がある」わたしと、「他人に気をつかって合わせすぎる」わたしとは、紙一重《かみひとえ》だったのです。

あなたが集団に《とけ込めない》からといって、あなたが「ダメな人」だということはありません。あなたは、集団のみんなとは違ったもののとらえ方や考え方、感じ方をしているのであって、またみんなとは大きく異なる人生経験をしてきたのかもしれませんよね。

あなたはきっとユニークなのです。そのユニークという個性を、どう伸ばすかは、あなたの生き方にかかっていますが、ともかくも、あなたのそのユニークさを「いい・悪い」という判断で見ないことです。

あなたの個性も、出来事や現象や《ものごと》と同じように、《ただ在るだけ》なのです。だからそこには、困ったことなど、はじめからひとつもありません。

しかし、あなたの個性を「これでは困る」と決めつけている《あなたの判断》が、そこにあるから、あなたは実際に「困るよ」と感じているわけです。だからもし今あなたが、「わたしのこの個性は困るものだ」と決めつけることをやめれば、それにまつわる出来事は、ただ起きているだけの現象として過ぎ去ってしまいます。

わたしの場合は、協調性という名のもとに、ともすれば自分を殺してしまいがちなわたし自身を「いい・悪い」ではなく、単に自分は「配慮型」の個性なんだという発想で割り切ってしまいました。こうして、あなたが「自分で決めつけた価値観」から脱却できるようになると、もうシメタものです。

この調子で、あなたの抱えている「マイナスの概念」を取り除いてしまいましょう。あなたの頭の中から、あなたの個性が活かされる上で、足を引っぱっていたマイナスの概念(決めつけの価値観)を取り除くと、そこに残されるのは、「プラスに働く概念」だけですね。

これで、あなたの個性は、あなたを幸福にするためにあるものになります。

## ●ささやかな選択の集積が人生をつくる

朝、目覚ましが鳴ったとき、あなたは、いきなり飛び起きる方ですか、あるいは数回伸びをしてから蒲団を出る方でしょうか、あるいは「あと五分！」といって睡眠時間を追加して、ギリギリまでねばる方でしょうか。

意外に意識されないことですが、このあなたの「起き方」いかんで、起きてから以降のあなたの対応が変わってきます。つまり、余裕で朝の時間を過ごすか、あわてて支度をするかが決まります。

そうすると、そういうことに付随するある種の「気分」が起こってきますが、これとてもあなたは味わうことになりますね。

「あ〜、もう、また遅刻だわ！　今日は九時から朝礼だっていうのに」

という具合に、朝からあなたはイライラの連続。そのイライラ状態で、いざ会社に到着してみると、朝礼はすでにはじまっていました。平謝りで部屋に入ったものの、その気まずさを、とうとう午前中いっぱい引きずってしまいます。

午後は午後で、今ひとつピリリとしない自分の仕事ぶりに、われながらイヤになってしまい、夕刻のチャイムとともに同僚と飲みに行き、つい「わかっちゃいるけど」の二日酔い。結局、つぎの日も朝寝坊というハメになってしまう……。

誰しもこのような「気分」で一日を過ごしたいとは思いません。しかしこの「気分」も、あなたがどのように起きるかという「選択」にかかっているのです。

こんな日常の《ささいな出来事》をとってもそうですが、まず「あなたの選択」があって、その後にその選択の内容にもとづいた結果が用意されるんです。

ということは、あなたが選択した一つ一つの《ささいな出来事》の集積が、現在のあなたの気持ちや人生を構築しているといえます。

このように、今日一日の服やランチやアフターファイブのことを、一つ一つ具体的に選択するあなたがいるのと同様に、人生においては、就職や結婚・離婚といった進路を左右するような大きめの選択をしているあなたもいるのです。

もちろん、ささやかであろうが、大きめであろうが、このように積み重ねられた「選択の結果」が、あなたの人生でありあなたの生き様になっていきます。

前にも述べましたが、あなたの人生において、あなたが体験することは、じつはすべてあなた自身が選択してきた結果なのです。

あなたは、自分が意識して、あるいは無意識に選んだことを、ときに嬉々として行ない、ときに執着して行ない、ときにイヤイヤ行ない、ときにあきらめながら、いつも「その結果としてやってくる体験」を味わって生きています。

そしてその経験のデータをもとにして、またあなたはつぎの行動を選択する……ということを繰り返しているのです。

## ●親の選択ではない

「あなたは、あなたの自由意志によって、人生を築いている」

というと、少なからずの人が、

「いいえ、そんなことはありません。自分の意志で自由に選択できないから、人生がままならないんじゃないですか」とか、

「天災や事件・事故による被害はどうなるんですか?」

とかいって反論します。あるとき、わたしのところに相談にきた女性は、こんな調子でした。

「わたしは一年前、親に押しつけられるような形で結婚を決めました。当然、この結婚はわたしの選択じゃありませんでした。本当はそのとき、わたしには好きな人がいたんです。だから今、すごく後悔しています。できればもう夫とは別れたいと思っているのです

が、離婚は許さんと親が猛反対しています」

さてこの場合、彼女は大変な被害者であるように思えます。自分に何ら決定権が与えられず、親の言いなりになってきたと思えるからです。

しかし彼女が、いくらこの結婚は「親の選択」によってなされたと主張しても、やはりそれは違います。なぜなら、親の押しつけを「承諾《しょうだく》した」という「彼女自身の選択」がそこにあったからです。

コトのよしあしは別として述べるんですが、もし彼女が、

「好きなあの人と一緒になれるまで、わたし、両親を説得し続けるわ」

「別に好きな人がいるから、あの人をどうしても受け入れられないの。この気持ちを、正直に相手に話そう」

「もう、駆け落ちするしかない！」

というような「別の選択」をしていたら、当然、彼女の人生には「別の体験」が待っていたでしょう。

つまり、親が頑固《がんこ》だから、そういう家柄《いえがら》だから……というのは、選択をする上でのひとつの「条件」にしか過ぎないのです。その条件下で、どの道だって選択できる自由が、わたしたちには与えられているのです。たとえば、あなたが、

「今日は、買ったばかりの真っ白のスカートをはいていきたいな」と思っていたのに、朝から強い雨が降っているとします。この状況は、先ほどの結婚話と同じです。

「結婚と白いスカート、親と強い雨では、比較の対象にならないでしょう?」と思いますか。いえいえ、いずれも「条件の一つ」という意味で同じなのです。差があるとしたら、あなたにとっての「心理的な差」があるだけです。あなたが自分の人生で行なっていく「選択」という意味では違いがありません。

あなたはこれからも、「親の押しつけがなかったら……」とか「今日が、晴れだったら……」と、うらみに思うのと同じように、生きていく上で「これさえなかったらよかったのに……」と思うことが、きっと数多くあなたを待ち受けているでしょう。

でも、それらはすべて「あなたが生きていく上での条件」にしか過ぎません。わたしたちは、さまざまな条件を与えられながら、それぞれの瞬間に、「あなたは何を選びますか?」ということを、たえず問われ続けているのです。その条件は、天災であっても人災であっても同じことです。

そう、それが人生だと考えてみましょう。その上で、わたしたちは、そのみずからの選択に責任を取って、結果を味わいつつ生きていくしかないのです。

## ● 条件を楽しもう

条件は条件。でも条件でしかありません。幸福の決定権はありません。だから、いちいちその条件について愚痴をいったり、うらみに思ったり、嘆《なげ》いたりするのは、もうやめませんか?

それで今日からは、反対のことをしましょう。与えられた条件下で《楽しもう》というのはどうですか? いいでしょう? そういう発想に切り換えましょう。

たとえば、わたしたちは「頭の後ろには目がついていない」という条件下で生きています。わたしたちが後ろを見たいと思えば、ふり向くというアクションで補いますね。あるいは、鏡を使うという手もあります。それでも無理なら想像するだけであきらめますね。

それなのにあなたは、

「頭の後ろに目がついてさえいればなあ……」

といって嘆いたり、誰かをうらんだり、不満をこぼしたりするでしょうか? そんなことに時間を費やすのは無駄なことです。また、わたしたちは、頭の後ろに目があったらといって、幸せになれるものでもありません。

今与えられている条件の下で、いろいろな工夫をしながら、それぞれ問題を乗り越えていくことを楽しんでみたらいいと思います。斬新なアイデアや発明・発見、意外な解決法などは、そういうときに生まれるものです。

一方、顔の前側にはちゃんと目があるから、ものを見ることができます。むしろ、そのことを喜んで、感謝しながら生きることができたら、どんなに幸福でしょうか。

本当は、あなたを不幸にする親や個性があるわけではないのです。ただ親がいて、ただ個性があるだけです。そうした条件に対して、あなたが、いちいち不都合を見つけて、受け入れることを拒んでいたに過ぎなかったのです。

## ●あなたが主人公

さて《生きていく上での条件》は千差万別です。しかしそれらは、個性と同じように他の人とは比べようのないものです。だからあなたの人生は、唯一のものだといえます。

このことがわかったら、あとはその唯一の人生を、いかにして悔いなく歩んでいくかという問題になります。もし、人生を「でこぼこ道」にたとえたら、「でこ」や「ぼこ」は、先に述べた条件です。そうした「でこぼこ」を迂回することも、乗りあげて進んでいくことも、あなたが自由に選べばいいと思います。

ただ、これだけはいえます。もしあなたが、「でこぼこ道」という人生を、あなたの個性という車で走っていくとしたら、何があっても、人生のハンドルだけは、決して他人に預けてはいけないということです。もちろん、親にも恋人にも、ましてや占い師に任せるのなんて論外《ろんがい》です。

そうでないと、あとであなたが、「こんなはずじゃなかった」と後悔したときに、必ずそのドライバーのせいにしたくなるのです。あなたはそのドライバーを責めて、もっとましなドライバーを探して、替えてしまうかも知れません。そして、またきっと「こんなはずじゃなかった」と思うでしょう。

わたしたちは、ある時期までは「親の庇護《ひご》」のもとに育ちます。しかし成長して、ようやく自分でハンドルを握れるようになったとき、わたしたちは精神的に自立するのです。

その「車」が個性あふれるあなた自身だとしたら、でこぼこ道を走るには、自分の判断でガソリンも入れなければならないし、洗車だって必要になるでしょう。バスやタクシーとは違います。その代わり、行き先や経路を、自分で自由に選択できますし、そのことで自分が望む経験をすることができます。

もちろん、ときには道に迷ったり、修理が必要になったり、立ち往生《おうじょう》することだってあるでしょう。事故を起こすことだってあるでしょう。けれども、どんな事態が訪れても、あなたは決して、人生を牛耳る《ぎゅうじ》ハンドルだけは手放さないでください。

あなたの人生は、あなたのものでしかなく、しょせん他の人が運転を代わることはできないのですから。それは、あなたが病気になっても、誰もあなたの病気の肩代わりができないことと同じです。

もし、あなたに代わって運転しようという人が現れても、結果的には、あなたを支配することになるので、それは危険な選択です。「ハンドルを代わってあげよう」という人が現れたら、依存心《いぞんしん》につけ込まれないように気をつける必要があります。

しかし運転していて心細くなったときは、あなたを心から応援してくれる人たちが、あなたを励ましてくれるでしょう。あなたが立ち往生したときは、あなたを気遣ってくれる人たちが、あなたにアドバイスや助言や知恵をくれるでしょう。

だからどんな悪路に迷い込んでも、ひどい豪雨にさらされても、ハンドルをしっかり握りしめ、自分で考えて切り抜けていくしかありません。

これが唯一のあなたの人生を、あなた自身が納得して生きる術《すべ》なのです。

### ●忘れかけていたもの

長野県のとある幼稚園に隣接している円福寺というお寺で、実際にあったお話です。

そのお寺では、身寄りのない園児たちを、和尚さん夫妻が何人かあずかって育てていました。そこへ、数年前のある日、佳代ちゃんという五歳の女の子が預けられてきました。

佳代ちゃんは、少し知恵遅れの子でした。

当時を回想しながら和尚さんは、

「あの子の笑顔は、本当に仏様のようだった」

といって、短い一生を閉じた佳代ちゃんのあるエピソードを語ってくれたのです。

ある日の夜、寝たはずの園児たちが、和尚さんを呼びにきて、

「佳代ちゃんが、汚いことしてる」

と口々にいうのだそうです。「何ごとか?」と思って駆けつけてみると、なんとびしょびしょに濡れた蒲団の上に、佳代ちゃんが寝転がっているではありませんか。

「佳代ちゃん、おねしょしたんか？」

と、和尚さんが尋ねると、

「ううん、キミちゃんがおねしょして冷たいって泣いてたから、佳代がお蒲団を乾かしてあげるっていったの」

と佳代ちゃんはニコニコしながら、幸せそうに答えたのです。

驚いた和尚さんは、思わず佳代ちゃんを抱き上げると、

「やさしい子やなあ！　でも、かぜ引くといけないから、着替えような」

といって、

「佳代ちゃんはちっとも汚くなんかないんだぞ。佳代ちゃんはやさしくて立派だよ」

と、他の園児たちにいい聞かせたそうです。

わたしはこの話を聞いたとき、大きな衝撃を受けました。

日常の中で、わたしたちが《忘れかけていた大切なもの》を、この佳代ちゃんが思い出させてくれたような気がしたからです。

それだけ、わたしを含む現代人は、自分のエゴを片時も手放さない暮らしにすっかり慣れてしまって、しかもそのことに疑問すら抱かなくなっているというのが現状ではないでしょうか。

TVのニュース番組を見ると、自分の都合だけで、簡単に自分の子どもを虐待し、ときに死に追いやることも珍しくなくなってしまった現代で「人のために一心に尽くすこと」や「無条件の愛を注ぐこと」などは、親子の間でさえ稀薄になっている、奇蹟のような出来事といえるのかもしれませんね。

## ●心の底の葛藤に気づこう

たとえ、自分の身を守るためでも、あなたが相手をバカにしたり、相手の心を傷つけるようなことをしたら、それは目に見えないサイクルによって、つまりめぐりめぐって、あなた自身に返ってきてしまうものです。

なぜかというと、こういう人に限って、無意識のうちに誰かと自分を比較して、「わたしはまだダメ。劣っている。この程度では、人に対して引け目を感じる」と、勝手に自己卑下して、自分に自信がもてずに、傷ついている場合がほとんどだからです。だから人を攻撃してしまうのです。

同様にして、自分の知っている人が、その個性や能力を発揮して、大いに活躍しているのを知ると、なかなか素直にそのことを応援できずに、逆にうとましさやねたましさを覚えたりすることは、誰でも身に覚えがあることかもしれません。

しかしこれも、その本人が、十分に個性や能力を発揮できずに苦しんでいたり、あるいはもうあきらめているからだといえるのです。こうして見ていくと、自分を傷つけているのは、本当は、他人ではなく、自分自身だということがわかりませんか？　結局はすべて自分の責任なのです。

さあまず、あなた自身の内側で起きている「葛藤《かっとう》」に気づきましょう。その葛藤は、あなたに何と言っていますか？　もしかしたら、「人が怖い」と言っていないでしょうか？　なぜ怖いのでしょう……それは、人と自分との間に「分離感」があるからですね。

じつはこの「分離感」も、「人はわたしを裁く」というあなたの勝手な「決めつけ」から生まれているのです。さあ、そうした葛藤から解き放たれ、もう自由になると心に決めて、いろいろとこの本で提案した方法を試してみてください。

この本では、一貫して嘘のない本物の《あなた》の伝え方を紹介してきました。そして自己表現は、自己探求だとわかっていただけると思います。

## ●本来のあなたを想像しましょう

想像してみてください。あなたが、自分にも人にも、心からエールを送れるような自分になったことを。そしてあなたが、どれほどの暖かい愛を放つことができ、どれほどの人々を勇気づけることができるか……ということを。

じつは、あなたが想像しているその姿が「真実のあなた」なのだと気づいて、そして知ってください。なぜなら、あなたの中には、あふれるほどの愛があるのですから。あふれるほどの愛があるから、あなたは「葛藤」するのです。

「今のわたしは、本来のわたしではない。ああ、《わたし》に申し訳ない」と。あの五歳の佳代ちゃんの中からあふれていた愛が、あなたの中にもあるのです。自分にも、他人にも、思い切り愛をあげたくてたまらないあなたが。自分と他人との間にはもう「分離感」はいらないですね。だからあなたは、ただ愛するだけなのです。

あなたが幸福に生きるために必要なものは、すでにあなたの中にすべてあります。すべてが、あなたの中に揃《そろ》っているのです。そして、このままで足りないものはないという意識をもちましょう。それが、あなたの中のあふれる力を引き出すきっかけになるのです。

あなたは、あなた以外の何者でもありません。その唯一のあなたが、自分を肯定するポジティブなエネルギーを放つ……これほどすばらしことはありません。これが、みずからの光で輝くということです。

そのあなたがいるだけで、まわりはあなたの発する光のエネルギーに、自然に感化されて、ポジティブになっていき、その輪が広がっていくでしょう。

もしかしたら、現代人のほとんどが傷つき、愛のエールに飢えているのではないでしょうか。誰もが自分に自信をもちたいし、不安から解放されたし、愛されたい……と、望んでいるのに、どうしていいかわからずにいます。そして誰にも本音がいえないで、苦しんでいるのです。

世の中のひとりでも多くの人が、そうした魂の渇望《かつぼう》という苦悩から脱して、みずからの個性と能力を活かして、楽しく生きたいと願っています。あなたもきっと、そういう人たちを応援したいと思うはず。

そして、自信をなくしてしまい、自己表現が怖いという人がいたら、だいじょうぶだよといって勇気づけてあげたいと思いますよね？

ＹＥＳなら、その気持ちが愛です。

## ●至福の風

ところで、あなたは、自分が「何のために生まれてきたのか」と、考えたことがありますか？　わたしは、この問いかけに二〇年を費やしてきました。

その「答え」を知りたい一心で、わたしはこれまで心理学や哲学から坐禅や瞑想にいたるまで、コツコツといろいろなことを学び、研究し、実践してきました。

ですが、今もってその「答え」はわかりません。

でも、最近、感じていることがあります。それは、

「どうやら人は、人を幸福にするために存在しているようだ」

ということです。

なぜ、そう感じるのでしょう？　よくわかりませんが、あるときからわたしは、これまで散々に傷ついてきた自分の魂に、みずからたっぷり愛を注いだのですが、それによってわたしは、自分を癒し、尊重し、激励することができました。

すると、いつか内側から、感謝と勇気が湧いてきたのです。そしてそれらが、やさしい光を放ちはじめたのです。

どうやらその先の境地には、執着を捨てて、慈悲の人となっていくような領域があるようです。そのような人はみずからを愛するように、他人にも無条件の愛を注いで生きることを、ごく自然に行なってしまう人のようです。

この領域こそ「至福」の状態ではないかと思います。

わたしは、いつか自分がその領域から吹いてくるような「自在な風」になりたい……と願っています。

わたしにとって、風は、自由で、無限で、無邪気の象徴です。その風に乗って、あると

きは、やっかむ人や、悲観する人や、攻撃する人など、いわゆるネガティブな心に翻弄《ほんろう》された人の、心の中間を吹き抜け、またあるときは、ちょっと勇気が出ない人、自己卑下している人の背中をやさしく押したり、包み込んだりしたいのです。

しかも、誰もそんな風の存在に気がつかない。ただその瞬間、幸福を感じてホッとしてくれたらと思います。そうして、幸せを感じて生きていく人が、一人またひとりとふえていくことを想うだけで、とても楽しくなります。

もしわたしが、このまま何も見返りを求めずに生きていれば、いつかきっと気ままな風になれるような気がします。いつかは終わるいのちです。だから、いつか風になれたら、そのときは、もう何も恐れないで、

「わたしはずうっと風でいるんだ」

って決めています。

## ●絶望の果てに

わたしたちは、大病をしたり、事故にあったり、大きな挫折を経験すると、自分の人生を真剣に考えるようになります。

「わたしはこれまで何をしてきたのか」

「わたしたちのいのちは、何のためのいのちなのか」

「残りの人生をどう生きればいいのか」

このような疑問がつぎからつぎへと湧いてきます。

こうした過酷な現実に直面すると、人はいや応なく、自分はひとりだけで生きているのでなく、生かされているのだということを実感します。そうして、助かったいのちの重さに気づくのです。それまで抱いていた価値観が崩壊するときです。

わたしの場合もそうでした。今から七年前の出来事です。

元夫の裏切りをきっかけに、それまで十二年間続けてきた結婚生活にピリオドを打ってしまったわたしは、この離婚の精神的ショックから、自分の筋腫《きんしゅ》を急激に悪化させてしまい、ついに子宮の全摘手術を余儀なくされたのでした。

それに追い打ちをかけるように、働けなくなったわたしは失業してしまったのです。

それまで、人生で成功することばかりを考えて生きてきました。しかし皮肉にも現実は、その反対へとわたしを導いていきました。この度重なる荒波に呑み込まれたわたしは、精神的にも、肉体的にも、そして経済的にも崩壊してゆくだけでした。

何のためにこれまで一生懸命がんばってきたのか、もうわからなくなって、それまで固持していた優等生の仮面と一緒に、それまでの自信も、生きる気力さえも、すべて剥ぎ取られてしまったようにズタズタになっていったのです。

「もう、死んでしまいたい」

と、何度も思い、何か事故でも起きないかと心の底から願いました。でも、いざ、死を選ぶには、そのときのわたしの状態は、あまりにも腑《ふぬ》抜け過ぎたのでした。まるで魂の抜けた「亡骸《なきがら》」だったのでしょう。

こういう状態がつづいたあるとき、わたしは「これが現実なのだ」と、ふと気づきました。すべてを失い、崩壊してしまった《わたし》は、隠しようにも隠せない自分自身でした。

「ああ、これが現実なんだ。これがすべてなんだ。もう、現実から逃げるのはよそう」

そして、死を望んでいたことさえ、まだ最後の仮面を捨てきれずに逃れたいと思った《エゴのわたし》の惨めな姿だと気づいたのです。

「現実をすべて受け入れてしまおう。そして、すべてをあきらめてしまおう」

と、考えるようになったわたしの内奥から、いつしか、わずかに《生命力》が湧いてくるのがわかりました。何だかわけもわからずに涙がこぼれました。そのままハラハラととめどなくあふれでる涙に一時間以上も身を任せていたと思います。このときわたしは、

「こんなわたしでも、生かそうとしている何かがある」

と強く感じたのです。そしてこんな気持ちになりました。

「もうこれ以上、なくすものがないというのは、楽なことかもしれない。これから先は、神さまの仕事のお手伝いがしたい……」

## ●愛の風になる

それは、自分の中に「別のいのち」が流れ込んできたような体験でした。言葉を替えれば、何か《生かそうとする》壮大な力に抱かれた体験でした。

まさに、空っぽになっていたわたしの心に、愛と感謝が満たされた瞬間だったのです。

その後、わたしは新しい人生を歩きはじめました。わたしは変わりました。それからわたしが努めるようになったのは、そのままの自分を慈しむことと、自分の中の不要な価値観を捨て去ることでした。それによって、どんどん「恐れ」がなくなっていったのです。

そして、過去のどの自分よりも、今ある自分を愛するようになりました。

もちろん、そういうことがあった後も、自分の中からエゴは出てきましたし、それにふり回される紆余曲折がありました。今だって、揺さぶられることもたびたびあります。

でも、もう迷うことはありません。わたしは、自分を活かしながら、「風になろう」と決めたのだから。

本書も終盤に近づいてきました。わたしの体験を話すことが、どれだけみなさんのお役に立つかはわかりません。でも、どんなときでも、あなたは大いなるいのちに「生かされている」ということに気づいてほしいのです。

どんなことがあってもいい。絶望してもいいし、絶望などしていなくてもいい。どのようなことが起こっても、あなたはあなたです。あなたというのちを、あなたという個性で生きているだけ。それだけですばらしい。

その、いのちのあるありがたさや、今こうして生かされている意味を、あなたなりにしっかり考えていけば、必ず「すばらしい人生が展開している」と感じるあなたに出会えます。

さあ、出発です。まずあなたが、個性を輝かせて生きる際の「信条」を決めましょう。

あなたは何者として生きていきたいですか？

それが「意識して生きる」ことのはじまりです。その意識が「人生を創造する」基礎になっていくのです。

この意識があってはじめて、あなたは他者に、本来のあなたを魅せていくことができるのです。まず、あなたから輝いてください。

ここまで読んでくれて、ありがとう

いよいよ次は、あとがきです

# あとがき

この本を書きながら、わたしは何度も苦笑しました。

だって、自己表現の方法について書いたつもりなのに、ここに並んでいる項目の一つ一つが、今日まで自分に言って聞かせながら、懸命にやってきたことばかりだからです。それはまるで自分の軌跡を追うかのような、回想の渦の中で言葉をつづる作業だったのかもしれません。

こんなエピソードも思い出しました。

わたしは、学生のときは生徒会に立候補し、社会人になってからはアナウンサーとしてテレビに出たり、また何人もの前で平気で講演をしたりするので、誰からもまず「気が小さい」とは思われてはいませんでした。逆に、人から「心臓に毛がはえてる」とか「度胸がある」とかといわれることはあっても……です。

だから本人としても、まさか自分は「気が小さい」などとは、考えてみることもなく、人からいわれるままに「強心臓」ぶりを発揮しながら、いつも先陣を切って走っていました。

ところが、数年前、姉のように慕っているある女性に、

「あなたは、本当は気の小さい臆病さんなのよね」

といわれて、思わず涙がポロポロとこぼれてしまったのです。それはまるで、

『そう、そうなの。やっとわかってくれた？』

という感じで、我慢していた自分の内側が叫び声をあげたのだと思います。でも正直にいうと、泣きくずれた自分に自分が驚いてしまった感じでした。

そしてそのとき、わたしは初めて、人前で話す経歴をもつ自分が、気が小さいわけがないというまわりの「思い込み」を真に受けて、それまで生きていたことに気がついたのです。

まわりの期待に応えようと、必死で無理をしながら、それらしい人物を演じることに日々忙しくて、本当の自分に気づこうとしなかったのです。

だから、それまでのわたしは、

『どうしてもっと堂々とできないの？』

『あれしきであがっちゃってみっともない』

といって、年中自分を責めていたのです。

だから、うまくできなかったはずです……。だってわたし、本当は気が小さかったんですもの。この事実を自分に認めた途端に、わたしは長年しょい込んでいた重荷をやっと降ろしたような解放感を味わいました。

そして自分は伝えたい《想い》があるだけで、もともと気が小さい臆病者だったのだと気づいてからは、けっこう思い当ることばかりだったので、なんだか嬉しいような、おかしいような気持ちになったものです。

『そうか。どうりでびくびくしていたはずね』

と、しみじみわが身をふり返っては、今さらながら妙に得心がいってホッとしたのでした。それからは、同じように講演で人前に立っても、

『気が小さいのによくやってるね』

と、すっかり自画自賛ムードで、以前よりずっと自分自身と親しくなれたような気がしています。はたから見れば、わたしのしていることは何も変わっていないように見えたで

しょうが、わたしの内面は大きく変化していたのです。第一に講演会では、あんなにイヤだった、千人以上の聴衆を前に話すときの恐怖心や、初めての内容を伝えるときのプレッシャーがなくなってしまったのですから。

わたしが、日頃「人は、その人になればいいだけ」という根拠はここにあるのです。心のギアを「本来のその人」に入れることができれば、わたしたちは、自分を縛ってきたさまざまな呪縛から解放されて、たちまち「その人ならでは」の表現をはじめることができるようになるのです。意識して「らしく」ふる舞おうとしなくても、「その人そのもの」がでてくれば、それが何よりも魅力的で好感のもてるものなのです。

それなのに、わたしたちはつい、うまくやってる「他のだれか」になろうとして苦しみ、うまくその人になれないといっては、自分を責めるんですね。そんなときです。あなたが自分の考えよりも「他のうまくやっている人の考え」の方を《正しい》と信じ込んでしまうのは。

つまりは自信がないから、そうしてしまうのだけれど、これではいつまでたっても本当の自信を築くことはできないでしょう。

少なくとも、あなたにとって「正しい」ことは、あなたがみずからの体験に基づいて伝える言葉と信念です。そしてそうした体験を積み重ねていけるあなたの人生こそがすばらしいのです。そうは思いませんか?

やってみたけど失敗した……としても、それは悪いことでも間違いでもありません。そもそも人生には失敗なんてないのですから。

もちろん、悪いことも間違いもありません。ただ、失敗したと思うあなたがいるだけです。本当は、そのことさえも、あなたの人生にとって「必要な体験」を積み重ねているに過ぎないことだと思います。

だから、苦しみや悲しみは感じることに意味があって、いつまでも引きずるものではない、と割り切ることが大切でしょう。

あとは、うまくいかなかったことを必要な体験に消化するあなたの気力、そうした生き方を支えるあなたの気迫が《あなたの魅力》になって輝いていくのです。

ただ、社会生活って、とてもストレスを溜め込む要因がたくさんあるので、そのことで大事な気力がそこなわれないように、自分に精一杯の愛を注いで、ストレス解放をしつつ、日頃から自分を労わってあげてくださいね。わたしも、日々それを一生懸命やり続けています。

最後にお伝えしたいのは、あなたが幸福になるために必要なもの、好感をもたれるためのエッセンスは、すでにあなたの中に全部そろっているということです。それだけ信じていれば大丈夫、なんとかなっていきます。そうやってあなたが自分のことを認めた分だけ、あなたの潜在能力は自然に発揮されていきますから。

あなたが信じるのは、あなた自身の力。そして、あなたが愛するのは、後にも先にも「あなたそのもの」をおいて他にはありません。それが魅力的に輝いて生きるための、最初で最後の一歩なのだということを、しっかり肝に銘じて行動に移していってください。あなたの人生を心から応援しています。

最後になりましたが、大変お世話になった日本教文社の北島直樹さんに、この場をお借りして御礼申し上げます。

二〇〇一年五月吉日

宇佐美百合子

好感度《こうかんど》バツグン
# あなたの見《み》せ方《かた》・伝《つた》え方《かた》


発　行———平成13年 6月20日　初版発行

著　者———宇佐美百合子《うさみゆりこ》<検印省略>



発行者———岸　重人
発行所———株式会社　日本教文社
東京都港区赤坂9-6-44　〒107-8674
電話　03(3401)9111(代表)
　　　03(3401)9114(編集)
FAX　03(3401)9118(編集)
　　　03(3401)9139(営業)
振替＝00140-4-55519
(ホームページ) http://www.kyobunsha.co.jp/

組　版———レディバード

印　刷
製　本———光明社

ISBN4-531-06360-0　Printed in Japan